LA SANACIÓN DEL

ABUSO EMOCIONAL

Reconozca la relación narcisista oculta. Descubra cómo recuperarse del trauma de su niñez debido al abuso emocional por trastornos de la personalidad y libere su alma

HOPE UTARAM

Tabla de contenidos

Introducción

──── ❧ ❦ ❧ ❦ ────

Una de las cosas que usted tiene que darse cuenta es que un narcisista no ve la necesidad de buscar ayuda de un terapeuta porque después de todo, ellos piensan que no hay nada de malo con ellos. La recuperación es pues, solamente para aquellos que abusan. Si usted ha sido o está en una relación con un narcisista, está a tiempo para que usted deje esta situación y busque ayuda con un profesional. Es este tipo de soporte que usted necesita para reconstruir su autoconfianza y recuperar su autoestima.

Confíe en mí; usted estará en un mejor estado que usted nunca había pensado posible estar. El narcisista podría haber logrado penetrar su autoconfianza e incluso podría haber aplastado su autoestima, pero sobre todo usted es simplemente una víctima. Usted no es indigno como quieren que usted crea. Encontrar a un profesional de la salud que tiene una especialidad en la recuperación de traumas le ayudará a pasar de forma directa al proceso cicatrizante para la recuperación. Si usted no puede dejar la relación con un narcisista, un terapeuta también le puede ayudar a aprender las mejores formas en las cuales usted puede comunicarse eficazmente con su abusador a fin de que usted pueda colocar barreras que le respetarán y, por lo tanto, le protegerán a fin de que ya no se aprovechen de usted.

Aquí hay algunos pasos que usted tendrá que seguir para ayudarle a caminar a su sanación por medio de la recuperación

Paso 1: Corte el contacto con el narcisista.

¡Una vez que usted haya dejado la relación, manténgase así! Deje de mantener contacto con su abusador.

El principal motivo por qué usted fue un narcisista, es que las cosas no estaban trabajando para usted. Por consiguiente, no hay nada que haga que las cosas mejoren. La mejor forma para recobrarse del abuso es que usted bloquee todas las formas de comunicación.

Si usted tiene la custodia unida de los niños, la verdad es que, usted no puede poder borrar completamente a esta persona de su vida. Es por consiguiente muy aconsejable crear un contacto especializado. ¡Y sólo puede comunicarse en los asuntos referentes a sus niños usando solamente canales de terceras personas! De otra manera, asegúrese que usted ha establecido órdenes judiciales para todas las formas de acuerdos posibles.

Piense acerca del trauma extremo que se estaba adhiriendo a usted, el abuso vulgar y la adicción que usted tuvo que sufrir por el narcisista. A veces la mejor forma es que usted acepte que la única manera en que usted puede recobrarse de tal daño es apartarse y cortar todas sus pérdidas de una vez por todas. Piense acerca de abstenerse, como una forma de protegerse del daño a usted mismo. En otras palabras, cada vez que usted comience el contacto con su abusador, usted les estará dando la munición para rechazarles.

Recuerde que usted estaba viviendo con ellos y así es que saben lo que sus puntos débiles son y cómo le pueden herir aún más profundo. Es hasta que nosotros sanamos que usted dejará de hacerse presión sobre usted mismo, ya sea por el amor que le tiene al narcisista, o por el enorme deseo de justificarnos a nosotros mismos, para darles una segunda oportunidad, cuando completamente detenemos contacto con el narcisista es que nosotros podemos comenzar a sanar.

Paso 2: Deje ese trauma a fin de que usted comience a funcionar otra vez

Si vamos a sanarnos, tenemos que estar dispuestos a reclamar nuestro poder. Tenemos que hacer exactamente lo opuesto de lo que solíamos creer; 'Puedo arreglar a ella, a él, así me sentiré mejor.' Su poder le pertenece, está dentro de usted. El momento que usted le quita el foco de su atención a su abusador, usted podrá canalizar ese poder para reconstruir su autoestima y poner mayor atención más cercana para sentirse entero otra vez.

Al principio, podría entenderse cuál es la apariencia de quien es un narcisista y que lo que hacen es esencial. Pero la verdad real es que estas cosas no pueden sanar su trauma interno. Lo que usted necesita hacer es decidir, olvidarse de esa experiencia horrorosa, para que usted pueda ser usted. Usted repuntará, obtendrá alivio y balance otra vez, una vez que usted haya decidido tomar el poder donde pertenece, el poder que dentro de usted.

Paso 3: Perdónese a usted mismo por lo que usted ha estado pasando.

Cuando las partes inseguras y heridas de nosotros están todavía en dolor constante, a menudo somos sometidos a la fuerza para comportarnos como niños que han sido dañados. Andamos a menudo buscando la aprobación de personas y especialmente de nuestro abusador, le otorgamos a nuestro abusador la fuerza, el poder para tratarnos como el considere conveniente. Y ese es el tiempo exacto en el que usted se dará cuenta de que usted les ha dado a todos ellos sus recursos monetarios, su tiempo y su salud. La cosa más desafortunada es esa mientras se hace, usted termina lastimando a la gente que a usted le ha importado más en la vida, y quienes son ellos, sus niños, sus hermanos, sus padres, y sus amigos. Sí, podría ser difícil perdonarse de esto, pero usted puede hacer eso si usted quiere reconstruir su vida y todo lo que usted perdió por culpa de su abusador. Trabajando en su proceso cicatrizante, usted pronto encontrará decisión y aceptación. Usted puede pasar de vivir a partir de la falta de amor propio y el respeto, a vivir una vida colmada de verdad y responsabilidad para nuestro bienestar.

Usted se dará cuenta de que, cuando se perdona a usted mismo, usted admite que ésta fue toda una curva de aprendizaje y ésta es la experiencia que usted aprendió, y, por lo tanto, va a acostumbrarse a rescatar su vida. Es cuando usted deja sus penas y sus auto-juicios cuando ya puede comenzar ponerse a usted mismo en libertad y darse cuenta de la grandeza en su vida independientemente en qué etapa estamos viviendo. El punto cuando usted comenzará a sentir esperanza otra vez, esperanza que le timoneará hacia adelante hacia la satisfacción personal y a una vida colmada de propósito.

Paso 4: Abandone todo y sane todos sus miedos del abusador y todo lo que ellos podrían hacer después.

¿Sabe cuál es la carnada para un narcisista? La ansiedad, el dolor y la angustia. Una de las cosas que puede perpetuar otro ciclo de abuso no importa cómo nos digamos a nosotros mismos que nos hemos separado de ellos. Es cierto que los abusadores pueden ser implacables. En la mayoría de los casos, no les gusta ser perdedores.

Pero una cosa que usted debe de entender es que no son tan poderosos e impactantes como usted puede haber pensado que son. Ellos necesitan que usted tenga temor y pase por el dolor para que puedan funcionar.

Una vez que ellos hayan sanado su trauma emocional, se desmoronan. Por lo tanto, es crucial que ponga los pies sobre la tierra y se vuelva una persona estoica, al no alimentarse en sus dramas; de esta manera pronto se marchitarán junto con su poder y credibilidad con ellos.

Paso 5: Suelte la conexión con su abusador

Muchas personas han comparado la liberación que han tenido ellas de un narcisista con la de un exorcismo. Cuando nos liberamos de las tinieblas que llenaron a nuestros seres, nos estamos dejando desintoxicar y dejar que la luz y la vida entren.

Si esa luz tiene que apoderarse de la sombra, la oscuridad tiene que salir para que haya espacio para que algo nuevo entre. De la misma manera, es esencial que libere todas las partes que fueron atrapadas por su abusador para que pueda aprovechar un poder más sobrenatural, el poder de la creatividad pura.

Cuando se desenreda del narcisista, no se trata sólo de cortar el cordón; también se trata de liberar todos los sistemas de creencias con los que podría haberse asociado inconscientemente. Es sólo entonces que puede liberarse para ser una nueva persona y no ser el objetivo de un narcisista.

A pesar de que podría ser tentador buscar venganza de su abusador, esto es algo que usted tiene que tratar de evitar. La ira tiene el poder de empujarle a volver a la oscuridad más profunda y a un juego en el que su abusador es un experto en primer lugar. La mejor forma de venganza es una en la que usted decide recuperar su libertad y hacer que su abusador sea irrelevante para usted.

Y es probable que aplasten su ego, y serán impotentes que ni siquiera le afecten a usted. A menudo están desesperados cuando se dan cuenta que usted es un recordatorio constante de su extinción. Es en este punto que esto termina y su alma se contrae para permitir el amor y la sanación para que usted pueda estar entero de nuevo.

Paso 6: Entienda su liberación, verdad y libertad

Tradicionalmente, aprendemos que amarnos a nosotros mismos es un acto muy egoísta. Sin embargo, cuando se trata de encontrar la liberación y la libertad de las manos de nuestros abusadores, es un paso muy crítico que nos permite tomar la verdad y dejar que nos libere del cautiverio. Sí, es algo increíblemente difícil de hacer, pero es un paso necesario para lograr la liberación.

A menudo, la sociedad nos ha enseñado que los demás nos tratan de la misma manera que los tratamos. Sin embargo, esta es una premisa falsa porque obtenemos un trato de acuerdo a la forma en que nos tratamos a nosotros mismos. En otras palabras, la medida de amor que obtenemos de los demás es equivalente a lo que sentimos por nosotros mismos.

Por lo tanto, cuando nos abrimos a nuestra sanación y recuperación, estamos abriendo las puertas para que otros nos amen en la realidad y de maneras más saludables que nunca. Es este acto el que sirve como una plantilla por la cual enseñamos a nuestros hijos para que no lleven patrones inconscientes de abuso que les fueron transmitidos por nuestros antepasados. Sólo comienza cuando decidimos asumir la responsabilidad de nuestra felicidad y libertad. Poco a poco nos convertimos en el cambio que desearíamos ver para dejar de lado ser víctimas de alguien y dejar de entregar a otras personas nuestro poder.

En otras palabras, recuperamos nuestras vidas haciendo todo lo necesario para ayudar a nuestra sanación interior independientemente de lo que el narcisista haga o no haga, algo irrelevante de cualquier manera. Es en este punto que podemos prosperar a pesar de lo que hemos pasado y lo que nos ha sucedido.

Capítulo 1

— — — — ❧❧❧❧❧ — — — — —

Cómo sentirse cómodo consigo mismo

Entendiendo a su narcisista

Al igual que un agujero oscuro, un narcisista es capaz de entrar en su vida, devorar emocionalmente y físicamente su salud. Sobre todo, un narcisista es capaz de quitarle la cordura y manipular sus sensibilidades. La verdad más extraña acerca de un narcisista es que se sienten atraídos por los empáticos, sin embargo, los dos son el extremo opuesto el uno del otro. Hay un tirón convincente que une a estos dos tipos de personas, que como muchos creen que es la manera del universo de mantener el equilibrio. Por ejemplo, como un típico empático, tiene la capacidad intrínseca de ponerse en el lugar de otra persona y esforzarse deliberadamente para ayudarlos a sanar. Mientras que al hacer esto por una buena causa, usted como empático carece de la capacidad de trazar límites entre ayudar a esas personas y realmente caer en ser una víctima de su condición a través del auto-sacrificio crónico. Por otro lado, el narcisista vive dentro de grandes traumas y condiciones; por lo tanto, idealmente se esconden detrás de una versión idealizada de sí mismos. Esta autoimagen viene a usted, la empática, como muy atractiva y encantadora, pero en el sentido real, son altamente egocéntricas e indiferentes. Cuando estos dos personajes extremos se unen, forman un vínculo destructivo que eventualmente daña la empatía. Ambos personajes chocan mientras intentan aprender y crecer fuera de sus condiciones a través de la prueba y el error. Por lo tanto, sucede que su narcisista es la persona que se aprovecha de tu naturaleza empática cuando sus personajes chocan.

Reconociendo al narcisista

Mientras que el Trastorno de Personalidad Narcisista es una condición, los narcisistas vienen en diferentes formas y tipos. Esta categorización se basa en cómo los narcisistas se comportan hacia los demás. Para que uno sea conocido como un narcisista, tiene que retratar características como la falta de empatía, una necesidad terrible de admiración, así como un punto de vista magnifico de sí mismos.

Además, la mayoría de los narcisistas muestran algunos comportamientos específicos hacia sus parejas. Estos incluyen deshacerse de las personas que ya no necesitan o haciendo un bombardeo de amor a sus víctimas. Sin embargo, los narcisistas se comportan de manera diferente dependiendo de la gravedad de los rasgos del trastorno dentro de ellos, y a lo que su entorno externo los ha expuesto. Los terapeutas han intentado durante mucho tiempo separar a estos narcisistas en distintas categorías y entenderlos le ayuda a poseer hasta los rasgos de su personaje que atrae a los narcisistas. No tendría sentido que se le mostrara cómo protegerse de los narcisistas sin antes mirar cómo actúan los diferentes narcisistas dentro de sus límites conscientes, lo que implicará lastimarlo. Cuanto más los conoces, más puede usted actuar conscientemente y tomar decisiones con respecto a tus relaciones con ellos.

Narcisismo saludable y extremo

Una cosa que la mayoría de la gente no sabe es que hay un tipo continuo de narcisismo, desde el narcisismo saludable hasta el narcisismo extremo. Cada vez que oímos hablar de la palabra narcisismo, lo asociamos con todo tipo de negatividad. La siguiente explicación cambia la narrativa y profundiza nuestra comprensión de todo el fenómeno.

En su evaluación del concepto de narcisismo, Brummelman et al. (2015) describieron al narcisismo saludable (NS) como aquello que implica la posesión de considerables grados de autoestima sin   necesariamente ser retirado de una vida emocional compartida.

El Narcisismo extremo (NE) fue descrito como aquel que niega a las personas la capacidad de tener una relación significativa porque carecen de autoestima. Idealmente, el narcisismo saludable hace que uno se enorgullezca de la autoimagen, la belleza y a menudo el triunfo de una tarea difícil. Aunque esta alegría en la belleza y el logro puede ser momentánea, tiene una poderosa sensación. Este tipo de narcisismo se ha considerado útil en el manejo de la relación con los demás porque si puede experimentar alegría en ser usted mismo y el impacto que tiene en el mundo, entonces puede llevarse fácilmente a través de tiempos difíciles. Tratar de prevenir que haya agotamiento, que la mayoría de la gente experimenta después de una serie de fracasos. En el caso de una relación romántica, un narcisista sano es capaz de tomar angustias y decepciones de una manera razonable. Son capaces de ser razonables porque se sienten bien consigo mismos. Por lo general, el narcisismo saludable crece principalmente como parte del desarrollo infantil, donde los niños a la edad de 2 años comienzan a sentir que el mundo gira en torno a ellos en función del amor que sus padres les dan. A medida que crecen, esas personas se dan cuenta de que otras personas también tienen necesidades, y siguen sintiéndose bien consigo mismas mientras acomodan a los demás.

Dado que el narcisismo extremo es en lo que se centra principalmente este libro, es importante diferenciar entre narcisismo sano y extremo. En primer lugar, en lo que respecta a la confianza en sí mismo, el NS conduce a una alta confianza externa que se alinea con la realidad, mientras que el NE conduce a un estado irreal de grandiosidad. El NS goza de poder y admiración, mientras que NE busca el poder a toda costa sin reservas razonables. Además, NS tiene en cuenta las ideas y creencias de otras personas y las valora, mientras que NE devalúa a las personas sin sentirse arrepentido y tiene comportamientos antisociales. El NS tiene valores y planes viables que seguir, mientras que NE no tiene un camino particular y cambia fácilmente de rumbo debido al aburrimiento.

El NS se desarrolla a partir de una base considerablemente estable de amor, así como cuando se es niño, mientras que en el NE se ha experimentado principalmente una infancia traumatizante que los condiciona a no ser considerados con los demás.

Los narcisistas extremos se colocan además en las siguientes categorías en función de cómo manifiestan los comportamientos narcisistas.

Narcisistas vulnerables

También conocido como armario, encubierto, compensatorio o frágil, un narcisista vulnerable es aquel que es tímido por naturaleza. A menudo, habitan dentro de un complejo de inferioridad que se desarrolla desde la infancia; por lo tanto, carecen de la capacidad de confiar, amar o cuidar de otras personas. Su estado emocional está lleno de indignidad y odio. Tienden a sobre compensar estos sentimientos buscando otras personas idealizadas con las que se sentirán especiales consigo mismos. Utilizan técnicas como el desmontaje de la culpa y la iluminación de gas para hacer que su empático objetivo les dé simpatía y atención. Su principal objetivo es recuperar la supremacía y el mando de sus vidas y compensar los traumas que han enfrentado antes.

Narcisistas invulnerables

También conocido como el narcisista elitista, este es el tipo convencional de narcisista, uno que es audaz y altamente poco empático. Son todo lo contrario que los narcisistas vulnerables que sufren de un profundo complejo de inferioridad, ya que los narcisistas invulnerables tienden a creer que son superiores a otras personas. Buscan glorificación y placer, y constantemente buscan este tipo de atención de las personas con las que están en una relación. Por lo general, pueden hacer cualquier cosa para subir y dominar a otra persona. Se pueden describir en términos simples como fanfarrones y auto promotores que tienen una necesidad constante de demostrar que son "superiores".

Ambos tipos extremos utilizan diversos rasgos narcisistas como manipular a otras personas para alimentar sus delirios, infidelidad, falta de empatía y criticar a la gente.

Narcisista grandioso

También conocido como clásico o exhibicionista, el narcisista grandioso es un tipo muy familiar de narcisista, que se considera más influyente e importante. Aprovechan sus logros y buscan la admiración de los demás. Esto a menudo se aplica a una persona que suelen parecer atractivas y carismáticas, y atraen a sus víctimas al emparejar sus ambiciones y energía con sus logros.

A través de su actitud sabelotodo, este narcisista siempre está ansioso por dar sus opiniones incluso cuando son inapropiadas, y no son bienvenidas. Creen que son más conocedores y hábiles que nadie. Les gusta ser los que hablan mientras otros escuchan. Además, son malos oyentes porque siempre están pensando en lo que van a decir a continuación. Es difícil mantener una conversación significativa con este narcisista.

Además, tienen una actitud de intimidación que los hace querer construirse a sí mismos humillando a otras personas. Algunos pueden parecer más brutales en la forma en que enfatizan su superioridad. Un narcisista grandioso se basa en el desprecio para demostrar que es un ganador.

Narcisista seductor

Este es el narcisista que utiliza la técnica de hacerte sentir bien contigo mismo, pero con el objetivo principal de hacerle que le corresponda esos sentimientos de forma recíproca. Le idealizarán para captar su atención y conseguir que tenga ese tipo de admiración por ellos. Cuando les has mostrado una gran admiración, pueden manipular su pensamiento o tratarte con frialdad.

Narcisista vengativo

Un narcisista vengativo es aquel que se pone totalmente irritable una vez que no les reconoces la superioridad que tratan de afirmar. Son peligrosos para estar en una relación con alguien porque tienen como objetivo destruirle y chantajearle usando sus pertenencias más preciadas para demostrarle que eres un perdedor.

Por ejemplo, uno puede tratar de que te despidan del trabajo, hablar basura de ti a la gente que te considera buena persona e incluso que esas personas se vuelvan contra usted.

Narcisista maligno (tóxico)

El comportamiento de este narcisista es muy comparable al de los sociópatas. Nunca se muestran arrepentidos por sus acciones y no tienen consideración por el comportamiento moral. Por lo general son arrogantes y tienen un ego muy inflado. Se enorgullecen al burlarse de otras personas y a menudo hay mucho caos a su alrededor. Si no son atrapados por la ley, son una gran perturbación para la paz de la sociedad. No sólo buscan atención, sino que también quieren que todas las demás personas se sientan mediocres.

Narcisistas amorosos

Estos son los narcisistas que satisfacen su dignidad por el número de conquistas sexuales que han tenido o cómo sus víctimas les ayudan a elevar su estatus. Normalmente, un narcisista amoroso hace una apariencia agradable a primera vista y también usará regalos para atraer a su víctima. Una vez que han satisfecho sus necesidades, en su mayoría las necesidades sexuales, se deshacen rápidamente de ellas. Estos son los típicos rompecorazones que carecen de remordimiento por abandonar a las personas y no poner en cuenta sus necesidades.

Subtipos

Además de los principales tipos de narcisistas anteriores, hay subconjuntos de narcisistas que los agrupan no sólo por cómo manifiestan sus comportamientos narcisistas, sino que también muestran como les gusta extraer de una relación a sus víctimas y lo ocultos que son sus comportamientos. Todos los tipos principales de narcisistas anteriores pueden caer en las siguientes categorías.

Somático versus Cerebral

Este describe la característica que el narcisista se centra en complacerse a sí mismos. Ambos tipos tienen que usar a otra persona para que se vean y se sientan mejor. Los narcisistas somáticos se centran en su apariencia física y les gusta sentirse hermosos por encima de todos los demás, mientras que a los narcisistas cerebrales les gusta ser los informantes ya que sienten que lo saben todo.

Narcisistas invertidos

Esto se refiere al narcisista que es codependiente y tienen que apegarse a otras personas para que se sientan especiales. Se sienten satisfechos, especialmente cuando entran en una relación con otros narcisistas y temen el abandono.

Directo Versus Encubierto.

Estos subtipos de narcisismo se diferencian entre la naturaleza de las técnicas que utilizan para manipular a otras personas y satisfacer sus necesidades. Mientras que ambos tipos de narcisistas controlan a otros para su ventaja, el narcisista encubierto en su mayoría utilizará métodos que están detrás de las escenas e incluso tienen un motivo para negar sus acciones. Los narcisistas más directos van directo al punto, y persiguen sus necesidades sin que sean descubiertos.

Capítulo 2

------- ❧❦❧ -------

Conociendo la raíz de su sufrimiento

El abuso narcisista puede tener efectos duraderos en el centro de este abuso. Estos son efectos que el narcisista a veces puede tener de forma inconsciente o, al menos, insensible a. El narcisista se involucra en actos abusivos porque tienen un propósito, como satisfacer su vanidad o manipularle.

Pero también es cierto que el narcisista puede no entender completamente los efectos que su comportamiento tiene porque están auto obsesionados y no son capaces de conectar con las personas profundamente de la manera en que otros pueden.

La idea de que el narcisista puede no estar plenamente consciente de los efectos de su abuso no se menciona para justificar las acciones del narcisista. Este aspecto del abuso narcisista se toca aquí para enfatizar cuán fuera de contacto está el narcisista.

El narcisista se percibe a sí mismo como apartado de los demás, por lo que es casi como si usted fuera una forma diferente a lo que ellos son. Así como la leona carece de empatía por ser la bestia salvaje que masacra a animales en la sabana, también lo hace el narcisista carece de empatía por el ser querido cuyas emociones pretenden aplastar porque son incapaces de escapar de su concepto propio inflado.

El abuso que el narcisista causa a los demás ha sido tocado en otras áreas de este libro. El abuso narcisista puede incluir manipulación, chantaje, manipulación psicológica y menosprecio.

Gran parte del abuso es de naturaleza emocional, pero algunas formas de abuso pueden ser físicas, mentales o diseñadas para aislar. En este capítulo, exploraremos cómo el abuso narcisista afecta las relaciones. Veremos que el abuso emocional del narcisista puede dejar al individuo sintiéndose desconectado, aislado, debilitado y solo.

Abuso emocional

El abuso emocional es una herramienta tan poderosa porque puede dejar a una persona débil, vulnerable e incapaz de liberarse sin saber por qué. Los seres humanos naturalmente buscan conexiones emocionales con otros seres humanos. Aunque el narcisista es generalmente incapaz de formar una conexión duradera con otras personas porque no valoran sinceramente a los demás, sí reconocen el valor que las emociones tienen al formar una conexión, y son capaces de usar su comprensión de las emociones y comportamiento humano a su favor.

Por ejemplo, en un tipo de control mental llamado programación- neurolingüística o PNL, el practicante de este arte puede utilizar señales como movimientos involuntarios, palabras habladas, proximidad física y tacto para controlar los pensamientos y percepciones de la persona que son usando sus trucos. Pueden usar toques (como colocar una mano en el brazo de la otra persona) para inducir la formación de una relación con la otra persona. También pueden usar contacto visual y mensajes subliminales para introducir pensamientos en la cabeza de la otra persona.

Aunque la mayoría de los narcisistas no han estudiado la PNL, también se comportan de esta manera. El narcisista sabe cómo comportarse para que a la gente le gusten y qué decir para manipularlos. Las emociones del narcisista pueden ser cortadas e inaccesibles a su pareja sentimental, pero entienden las emociones lo suficientemente bien como para permitirles usar las emociones de la otra persona a su favor. Saben cuándo está triste; saben cuándo está feliz. Saben cuándo puede sentirse seguro o cuándo se siente particularmente desanimado. Las señales que envía al narcisista le revelan sus emociones, y son herramientas que les permiten abusar de usted.

Esta manipulación emocional puede tener varios impactos en una relación. Puede llevar a la otra persona en la relación a tener baja   autoestima o experimentan peleas de torbellinos emocionales, donde sus emociones están arriba y abajo o son incontrolables. Este tipo de abuso emocional puede hacer que sienta que sus necesidades emocionales no están siendo satisfechas en la relación, incluso si el narcisista ocasionalmente dice o hace cosas para indicar cercanía emocional. Esta manipulación emocional también puede llevarle a sentirte triste, incluso más triste que cuando estaba solo.

Aislamiento

Uno de los objetivos de las palabras y los logros del narcisista en una relación es aislar a la otra persona. Este aislamiento sirve para dos propósitos. Uno, coloca a la otra persona en una situación en la que son demasiado débiles y emocionales para dejar la relación, lo que le da al narcisista a alguien a seguir abusando de su vanidad. Dos, este aislamiento sirve a la necesidad de codependencia del narcisista. Puede que no le valoren, pero el narcisista todavía le necesita en cierto nivel. Necesitan la validación que viene de ser capaces de menospreciarle y abusar de usted. Necesitan estar en una relación con alguien que acepta ser menos que ellos porque satisface la imagen de sí misma inflada que han creado para sí mismos. Por lo tanto, uno de los mayores impactos que el abuso narcisista puede tener en una relación es aislar a uno de los socios de manera efectiva y evitar que se motiven a irse.

Desconexión

El abuso emocional y el aislamiento del narcisismo pueden desconectar el objetivo de los sentimientos. Los seres humanos forman conexiones al tener interacciones significativas con los demás. Esto permite satisfacer las necesidades emocionales de la persona mientras que las necesidades emocionales correspondientes de la otra persona también se satisfacen. Este tipo de unión emocional se encuentra en un espectro con empatía. La empatía es una forma de estar emocionalmente conectado con otras personas sin necesidad de palabras.

Debido a que el narcisista es falso en su exhibición de emoción, y usa palabras para engañar y manipular, la otra persona en la relación se siente desconectada en lugar de estar conectada con su pareja. Pueden notar esto junto con el agotamiento o la confusión, y todo esto está relacionado con la incapacidad de formar una conexión real con un narcisista. Además, la otra persona en esta relación se desconecta de las otras personas importantes en su vida y de la sociedad en su conjunto. Esta desconexión es quizás más importante porque puede disuadir al individuo de abandonar la relación (y así reforzar el aislamiento). Trabajar en la formación de conexiones con personas fuera de la relación con el narcisista es en realidad un paso importante en la liberación.

Capítulo 3

––––––❧❦❧❦––––––

Relájese de las situaciones donde no hay juicio

Aunque no hay manera de estar seguro de por qué algunas personas son narcisistas (mientras que algunas no lo son), el Trastorno de Personalidad Narcisista a menudo se asocia con experiencias traumáticas en la primera infancia. El trauma y el abuso parecen hacer que algunos niños se queden atascados psicológicamente, sin progresar desde las etapas tempranas y más egocéntricas del desarrollo.

Todos los bebés son naturalmente narcisistas en el sentido de que sólo se preocupan por sus propias necesidades y no son conscientes de que otras personas existen por separado de sí mismos. Los expertos en psicología infantil creen que los recién nacidos inicialmente se perciben a sí mismos como omnipotentes e ilimitados por cualquier cosa, a pesar del hecho de que son completamente dependientes de los demás para todas sus necesidades.

¿Por qué un bebé impotente pensaría en sí mismo como ilimitadamente poderoso? El recién nacido no puede notar la diferencia al principio entre ella y otras personas. Cada vez que necesita algo, sus padres u otros cuidadores proporcionan de inmediato e indefectiblemente lo que necesita. Para un recién nacido, el cuidador parece una extensión del yo, un instrumento de su propia voluntad. Sigmund Freud se refirió a esto como "narcisismo primario", el narcisismo natural y saludable del recién nacido.

A medida que la bebé se desarrolla, descubre lentamente que sus necesidades no siempre serán satisfechas al instante. A veces tiene que llorar por un tiempo antes de que alguien la recoja o la alimente, pero se entera de que todavía puede confiar en ellos para satisfacer sus necesidades constantemente. Con el tiempo, se da cuenta de que sus cuidadores son individuos separados en lugar de extensiones de sí misma y que ella no es realmente omnipotente o ilimitada. El narcisismo infantil se convierte en una comprensión de las relaciones humanas basada en el afecto, los límites y la confianza mutua.

Desafortunadamente, este proceso no siempre funciona de la manera en que se supone que debe hacerlo. Si las necesidades del bebé no se satisfacen constantemente, la confianza y la sensación de límites saludables nunca tienen la oportunidad de desarrollarse. En cambio, el poder egocéntrico del recién nacido permanece, junto con una profunda y dolorosa sensación de desconfianza, inseguridad y ansiedad.

Ego saludable

Algunos psicólogos hablan en términos de "narcisismo saludable" y "narcisismo destructivo", mientras que otros prefieren usar la palabra "narcisismo" exclusivamente para la manifestación destructiva de un ego insalubre. De cualquier manera, un sentido saludable de sí mismo es muy diferente del yo tóxico y básicamente falso del narcisista destructivo. Una persona con un ego saludable es segura de sí misma, pero su confianza en sí misma es consistente con la realidad y su propio lugar en el mundo. El narcisista no sólo es seguro de sí mismo, sino grandioso, viéndose a sí mismo como único y especial en comparación con otras personas. Incluso puede creer que las reglas sociales normales se aplican a otras personas, pero no a él, o que no debería haber límites razonables sobre lo que puede exigir a los demás.

Una persona con un ego saludable puede estar cómoda con el poder e incluso puede disfrutarlo, pero un narcisista ve el poder como la meta más importante en la vida y perseguirá el poder sobre los demás incluso si les perjudica. Su capacidad de empatizar con otras personas es limitada o inexistente, y se relaciona con otras personas principalmente como objetos.

Una persona con un ego saludable realmente se preocupa por otras personas y respeta su autonomía básica. Un narcisista expresará cuidado por los demás sí parece lo correcto en ese momento, pero no respeta su autonomía y se aprovechará de ellos sin importarles cómo podrían verse afectados.

Una persona con un desarrollo de ego saludable tiene un sentido de los valores personales y puede seguir adelante con planes a largo plazo.

Un narcisista no tiene un sentido subyacente de los valores y le resulta difícil mantenerse concentrado en una cosa por mucho tiempo porque se aburre y se distrae tan fácilmente.

Finalmente, una persona con desarrollo de ego saludable suele ser alguien que experimentó una combinación equilibrada de apoyo y límites en la infancia. La mayoría de los narcisistas experimentaron alguna combinación de daño infantil a su autoestima junto con la falta de límites o límites apropiados entre uno y otros.

El yo interior del narcisista está básicamente atrofiado, atrapado en una etapa temprana de desarrollo. Quiere aferrarse a la ilusión del recién nacido de ser ilimitado y omnipotente, pero no confía en otras personas para satisfacer sus necesidades a menos que pueda controlarlas y manipularlas para que lo hagan. Realmente no piensa que otras personas se separen de sí mismo, pero las ve como herramientas para satisfacer sus propias necesidades. Sin un sano sentido de sí mismo, sólo pueden evitar enfrentar la realidad de su situación controlando a los demás.

La causa más común de que este fracaso para que se desarrolle por completo es el abandono y el abuso, a menudo a manos de un padre narcisista.

Padres narcisistas

Los padres narcisistas no tratan a sus hijos como individuos únicos, sino como extensiones de su propia imagen. Para un narcisista, la confianza absoluta del niño y la dependencia del cuidador lo convierten en la fuente perfecta de suministro narcisista, es decir, hasta que el niño comienza a convertirse en una persona independiente. Esta es ya una tarea difícil para el hijo de un padre narcisista, que tal vez nunca haya experimentado la combinación de confianza y límites saludables necesarios para el desarrollo del ego saludable. Aun así, la mayoría de los niños comenzarán a desarrollar un sentido de sí mismos con el tiempo a pesar de estas barreras.

Esto es algo que el narcisista simplemente no puede permitir, por lo que el padre narcisista interfiere con el desarrollo independiente del niño para mantener al niño dependiente de ellos. A través de la culpabilidad, el chantaje emocional, el socavamiento y todas las demás técnicas de control y manipulación, el padre narcisista evita que el niño crezca realmente.

El padre narcisista a menudo presionará al niño para obtener buenas calificaciones o sobresalir en deportes o impresionar a otros de alguna manera. El afecto y la alabanza dependen del alto rendimiento y se retienen como castigo por cualquier error. Esto se debe a que el padre narcisista ve al niño como una expresión de su propio yo ideal, pero puede hacer que el niño vea el amor y el afecto únicamente en términos de validación externa.

Sin la experiencia de ser amado por su propio bien, el hijo de padres narcisistas puede desarrollar una fijación insalubre en cómo otras personas lo perciben.

Los padres narcisistas insisten en ser el centro de la vida de sus hijos. Al mismo tiempo, a menudo menosprecian y socavan a sus hijos, especialmente por no estar a la espera de sus propias expectativas poco realistas. Con el tiempo, el niño puede aprender que la única manera de obtener elogios y afecto de los demás es hacer justo lo que quiere en todo momento sin dudarlo.

Pueden aprender fácilmente que la forma más efectiva de tratar con los demás es a través de la culpabilidad, manipulación, y otros juegos de la cabeza.

En efecto, el padre narcisista entrena al niño para percibir el mundo y las relaciones humanas de una manera disfuncional. Esto no siempre convierte al niño en otro narcisista, pero casi siempre es profundamente perjudicial para la autoestima del niño.

Efectos en el niño

Diferentes niños reaccionan de manera diferente con padres narcisistas, debido a las diferencias en el temperamento individual, así como la presencia de otras influencias en la vida del niño. Por ejemplo, el niño puede estar expuesto a ejemplos de familias amorosas y relaciones saludables fuera del hogar o puede tener una relación más saludable con uno de los padres que con el otro. El niño puede experimentar apoyo emocional y afecto de alguna otra fuente, lo que lo lleva a reconocer que algo está fundamentalmente mal con el tipo de crianza que obtiene del narcisista.

Por cualquier razón, muchos hijos de padres narcisistas crecen como personas amables y empáticas, aunque pueden experimentar otros problemas debido a su traumática infancia. Sin embargo, muchos hijos de padres narcisistas también pasan a ser narcisistas, creando un ciclo que puede extenderse a través de varias generaciones.

En algunos casos, el niño nunca desarrolla el sentido de confianza y el afecto estable que la mayoría de las personas experimentan en la infancia. En cambio, experimenta el mundo como un lugar donde ni siquiera los cuidadores más importantes pueden contar. El niño puede crecer para sentirse vacío por dentro, temeroso e inseguro en las relaciones con los demás, e incapaz de desarrollar una identidad clara propia.

En un intento de llenar esta sensación de vacío y ganar amor y afecto, el niño puede reprimir sus propios sentimientos y sus propias necesidades de concentrarse únicamente en complacer al padre narcisista. El resentimiento subyacente del niño y la ira por la situación se empujan hacia abajo bajo una fachada agradable, para salir más tarde de otras maneras.

Esta fachada o máscara puede llegar a ser habitual, un "falso yo" basado en lo que la otra persona quiere ver.

El verdadero yo debajo está lleno de ira y odio propio, porque el niño nunca ha sido amado por su propio bien y se cree que es inapreciable. Con el tiempo, aprende a reflejar la grandiosa y poco realista imagen de sí mismo del padre narcisista, así como los comportamientos de control y manipulación que permiten al narcisista proteger y mantener el falso yo como un traje de armadura.

Aunque el abuso narcisista en la infancia es una causa frecuente de narcisismo, algunas personas pueden convertirse en adultos narcisistas sin necesariamente haber sido abusados.

Estilos de Padres

Según la consejera Diana Baumrind, los estilos de Padres se pueden dividir en tres categorías generales.

Los padres autoritarios tienen grandes expectativas para sus hijos, pero también los tratan con amor y calidez y generalmente responden a sus necesidades. Estos estilos de padres tienen un equilibrio saludable de amor y rigor.

Los padres autoritarios tienen grandes expectativas, pero tratan a sus hijos sin mucha calidez y no son particularmente receptivos a sus necesidades.

Esto puede parecer similar al abuso narcisista, pero la tipología de padres de Baumrind fue pensada como una descripción de las variaciones normales de crianza, no de los extremos abusivos.

El estilo de padre autoritario es exigente y algo frío, pero no lo suficientemente extremo como para ser considerado abusivo.

Los padres indulgentes o permisivos no establecen grandes expectativas para sus hijos. No hacen mucho para monitorear el comportamiento de su hijo o corregir fallas en lugar de darle al niño la libertad de desarrollarse por su cuenta. Desafortunadamente, esto incluye tolerar comportamientos groseros como regañar y ser egoístas, rasgos infantiles que se pueden describir como narcisistas. Un padre autoritario o autoritario no toleraría ese tipo de comportamiento, pero el padre permisivo prefiere ignorarlo.

Los estudios han demostrado que el estilo autoritario es el estilo más eficaz de crianza en general. Los niños con padres autoritarios tienden a ser más exitosos y felices en la vida que los niños con padres no autoritarios o permisivos, que son más propensos a sufrir problemas de salud mental y a abusar del alcohol y otras sustancias.

Algunos expertos en psicología infantil han añadido un cuarto estilo de padres a esta lista: el estilo "descuidado". Los padres descuidados son similares a los padres permisivos en el sentido de que no logran establecer límites consistentes, pero diferentes en que no ofrecen al niño mucha calidez o afecto. En esta versión de la lista de estilos de padres, los padres autorizados y permisivos son cariñosos y cálidos, pero los padres autorizados también establecen estándares y límites más eficazmente. Los padres autoritarios y descuidados son relativamente fríos o distantes, pero los padres descuidados tampoco establecen límites o límites.

Según un estudio de investigación de Carrie Henschel en Salud Conductual, los estilos de crianza permisivos y autoritarios se asociaron con el narcisismo en los niños. Henschel especuló que los padres permisivos podrían alentar el narcisismo al no establecer límites saludables y dejar que el niño se salga con la suya con un comportamiento exigente y grosero. Además, los padres permisivos eran más propensos a alabar a un niño efusivamente o describirlo como "especial" independientemente de sus logros reales. La combinación de ser alabado como especial sin realmente hacer nada y no ser corregido por maltratar a los demás podría ser suficiente para crear la grandiosa pero superficial autoimagen del narcisista típico.

Henschel también encontró que el estilo de crianza autoritario podía producir rasgos narcisistas en los niños. Teniendo en cuenta la similitud entre las altas expectativas y la baja calidez del estilo de crianza autoritario y el comportamiento de un padre narcisista, tiene sentido que la crianza autoritaria también pueda tender a alentar el narcisismo. Sin embargo, en los padres autoritarios la frialdad relativa no es tan extrema y no incluye los juegos manipuladores manipuladora del padre narcisista.

Henschel no consideró los efectos de la crianza descuidada, pero algunos de los padres permisivos en su estudio podrían haber caído en esa categoría también ya que se añadió a la lista como una variación en el estilo permisivo. Es fácil ver cómo un estilo de crianza emocionalmente distante podría contribuir al narcisismo en el niño, especialmente cuando se combina con una falta de límites y límites. Los niños aprenden a cuidar a los demás cuando sus padres los cuidan, y aprenden a respetar los límites cuando sus padres establecen límites a un comportamiento aceptable. Un hijo de padres descuidados podría no tener la oportunidad de aprender empatía o respeto por los límites.

Autorización narcisista

La investigación de Henschel sobre la crianza permisiva podría explicar uno de los aspectos más frustrantes del comportamiento narcisista: el sentido aparentemente interminable de derecho del narcisista.

Según la experta en abuso narcisista Melanie Tonia Evans, el narcisista se siente con derecho a conseguir lo que quiera cuando quiera y percibe cualquier negativa a darle lo que quiere como una horrible injusticia. Esto puede incluir cualquier cosa, desde la atención al afecto al dinero hasta el sexo, no hay límites legítimos en lo que tiene derecho a esperar de otras personas a los ojos del narcisista. A pesar de que el narcisista trata a los demás como si no tuvieran derechos, espera que otros respeten sus derechos en todo momento.

Evans rastrea este colosal sentido del derecho a cuatro causas separadas, cualquiera de las cuales puede producir un narcisista. El primero es el abuso y el abandono, como la experiencia de ser criado por un padre narcisista. El segundo está siendo levantado por padres demasiado permisivos que no logran establecer límites y nunca dicen que no. El tercero está siendo criado por padres demasiado indulgentes que intentan demasiado difícil de darle al niño todo lo que podría desear. El cuarto está siendo criado por padres que ponen al niño en un pedestal, creando un sentido exagerado, pero básicamente frágil de autoestima. El niño termina percibiéndose a sí mismo como especial y mejor que los demás, con derecho a cualquier cosa que quiera como Violet Beauregarde en Charlie y la Fábrica de Chocolate.

Como Evans señaló, el acto de poner a su hijo en un pedestal como este también es narcisista, ya que el niño es tratado como una extensión del ego de sus padres. Esto sugiere que el narcisismo de los padres puede ser un factor incluso cuando el padre no es realmente abusivo. El padre narcisista utiliza al niño para apuntalar su propio yo falso e influye en el niño para ver el mundo de la misma manera.

Otros factores

Otros factores también pueden contribuir al desarrollo de una personalidad narcisista. Los investigadores han encontrado algunas diferencias físicas entre el cerebro de las personas diagnosticadas con trastorno narcisista de la personalidad y otras personas. Los narcisistas parecen tener menos materia gris en dos áreas del cerebro: la corteza prefrontal y la ínsula anterior izquierda.

Estas áreas del cerebro están asociadas con la capacidad de experimentar empatía por los demás, así como la capacidad de regular las emociones. Esto implica que las personas con un trastorno de personalidad narcisista pueden tener dificultad para evitar que sus propias emociones se descontrolen y también les puede resultar difícil empatizar con los sentimientos de otras personas. De forma rápida para sentir ira o ansiedad y lento para sentir empatía, el narcisista puede simplemente estar a merced de sus propias emociones.

Por supuesto, es difícil decir si estas diferencias cerebrales realmente causan trastorno narcisista de la personalidad o si son sólo un factor entre muchos. Por ejemplo, tener menos materia gris en la ínsula anterior izquierda podría no hacerle narcisista por sí solo, pero podría hacerlo más propenso a ser narcisista con las experiencias de vida correctas. Al igual que con muchos otros problemas de salud mental, un trastorno narcisista de la personalidad puede ser causado por una combinación de factores ambientales y genéticos.

Problemas asociados con el Narcisismo

El narcisismo tiende a ir junto con otros problemas de salud mental y trastornos de la personalidad. Las personas diagnosticadas con NPD a menudo sufren de depresión.

También son más propensos a ser diagnosticados con Trastorno Bipolar, también conocido como depresión maníaca.

La persona que sufre de Trastorno Bipolar alternará entre estados de ánimo extremadamente deprimidos y maníacamente energéticos.

Las personas con NPD tienen altas tasas de abuso de sustancias y son especialmente propensas a abusar de la cocaína. Tienen altas tasas de anorexia y también pueden tener tasas más altas de otros trastornos de la personalidad, incluyendo trastornos límites de la personalidad, personalidad Anti-social y Desordenes de Paranoia.

El narcisismo está tan fuertemente asociado con otros problemas de salud mental que los consejeros generalmente hacen un diagnóstico de NPD después de que el paciente viene por alguna otra razón.

Por ejemplo, el narcisista puede buscar tratamiento para la depresión después de una ruptura causada por su propio comportamiento narcisista, sin ninguna visión de su propio papel en la ruptura de la relación.

A pesar de que puede decir que algo está mal, todavía cree que la otra persona lo maltrató adrede.

El terapeuta que se da cuenta de que su paciente es narcisista puede hacer un diagnóstico de NPD, pero tendrá dificultades para hacer cualquier progreso mientras el narcisista siga aferrándose al falso yo.

Los narcisistas que están en el tratamiento son muy conocidos por discutir con sus terapeutas, y ser tercos con el tratamiento, se muestran indiferentes a cualquier argumento que el terapeuta pueda presentar.

Capítulo 4

————— ❧ ❦ ❧ ❦ —————

Su comportamiento es una opción

Así como hay diferentes tipos de narcisistas, hay dos tipos distintos de codependientes. Estos son codependientes pasivos y activos, y aunque ambos exhiben rasgos de codependencia, por lo general están presentes de diferentes maneras, típicamente en lo que respecta a su miedo al conflicto.

Codependiente pasivo

La persona codependiente pasiva es bastante temerosa en general. Este es el tipo de persona que es probable que evite conflictos a toda costa y cederá a lo que el habilitador solicite. Estas son los que se encuentran típicamente en las relaciones con narcisistas o individuos abusivos. Debido a que los codependientes pasivos tienen tanto miedo al conflicto, son fáciles de manipular para que la obediencia.

Además, la persona codependiente pasiva tiene mucho más miedo de estar sola. Creen que son capaces de manipular y controlar a los narcisistas en su vida, e intentan hacerlo, con la esperanza de manejar la situación y conservar cierta apariencia de control. Estas personas son típicamente bastante encubiertas, y rápidamente se encuentran improductivas, particularmente contra el narcisista.

Después de varios intentos de tratar de controlar al narcisista y aprender que no hay control, la persona codependiente pasiva normalmente renuncia a intentarlo y en su lugar decide residir pasivamente en la relación.

Ella todavía satisface las necesidades del narcisista a petición, sintiendo que sólo es valioso cuando lo hace, y convirtiéndose en completamente adicto a la relación, pero nunca hace mucho para suscitar problemas. Está aterrorizada por las consecuencias de intentar defenderse.

Sumisa y estoica, esta persona no se emociona mucho. Sus necesidades emocionales son descartadas por completo por miedo a perder al narcisista si se atreve a tratar de cuidarse a sí misma o expresar disgusto. En cambio, ella busca martirizarse a sí misma a la narcisista y se sienta y permite que la relación la consuma lentamente.

Codependiente activo

Por el contrario, la persona codependiente activa está un poco más dispuesta a ponerse ahí fuera. Intentará manipular más a la pareja narcisista, y no teme el conflicto de la misma manera que lo hace el codependiente pasivo. Ella no teme el conflicto, ni teme el dolor que sentirá al incitar a una discusión, por lo que es mucho más probable que se enfrente al narcisista si siente que tiene que hacerlo.

Las personas codependientes activas son más manipuladoras en general. Están dispuestas a hacer lo que sea necesario para mantener a sus parejas en línea, como apelar a la culpa o amenazar con autolesionarse si no se sienten con la suya. Usarán las emociones para que sus parejas las obedezcan, o al menos lo intenten, y esto a veces puede causar problemas cuando se asocien a un narcisista, ya que el narcisista no se preocupa por las emociones de los demás.

Es probable que el codependiente activo, al igual que el narcisista, presione para lograr la intimidad instantánea y la cercanía. La persona activa codependiente dirá todo tipo de detalles íntimos de su vida, pensando que crea más confianza y por lo tanto amor. Especialmente si estos detalles se refieren a abusos pasados destinados a infundir ira hacia el abusador, este es un intento de la persona codependiente activa de manipular. También crea una víctima narrativa que a veces puede asegurar que   la persona   codependiente que está tratando de manipular decide actuar por compasión, que por supuesto, el codependiente ve como amor.

La codependiente activa, porque es tan probable que use tácticas de manipulación abiertas, es probable que se confunda con un narcisista a primera vista.

Ella manipula a otros en un intento de conseguir que se mantengan cerca de ella, pero a diferencia de la narcisista, ella está tratando de ser necesaria para que pueda servir a la otra persona, en lugar de tratar de atraer a una persona para manipular lo que quiera. Ella, como la narcisista, está tratando de alimentar su propio ego con otras personas, pero ella está haciendo esto de la manera opuesta, en la que cuida de la otra persona para sentirse mejor consigo misma, mientras que el narcisista necesita ser atendido para sentirse mejor con él.

Así es como los codependientes y los narcisistas se convierten en el perfecto par   que se habilitan el uno para el otro. Cada uno de ellos proporciona lo que el otro necesita en lo que es casi una relación simbiótica. El problema es que esta relación involucra a dos personas totalmente egoístas. La trampa es que son egoístas de maneras que se equilibran entre sí.

La persona activa codependiente cree que puede controlar al narcisista de alguna manera, y ella intentará ejercer ese control a través de las tácticas de manipulación anteriores. Incluso puede recurrir a tácticas tales como retirar la atención temporalmente y otras tácticas que el narcisista es probable que emplee. El problema aquí es que el narcisista no responderá amablemente a tales intentos, y es probable que toda la situación se convierta en algo mucho más insidioso y disfuncional de lo que la relación original fue en primer lugar.

Anorexia de codependencia

Esencialmente el último intento de autodefensa, la anorexia de codependencia ocurre cuando la persona codependiente desactiva su capacidad de ser perjudicada emocionalmente.

Después de una vida de vivir con narcisistas, siendo constantemente utilizados para satisfacer la necesidad de suministro de los narcisistas, el codependiente tiene un momento de claridad. Ella se da cuenta de que esta es su vida y que no puede soportar seguir viviendo de esa manera.

La codependiente se da cuenta, en este momento, de que no puede controlar que se siente atraída por narcisistas u otros abusadores.

Ella ve que cada vez que ha encontrado a alguien que le ha parecido perfecto, ha sido recibida con abuso por no mucho tiempo después y que ha permanecido en esas relaciones abusivas durante demasiado tiempo. Ella se da cuenta de que sus relaciones han implicado una puerta giratoria de narcisistas y abusadores dentro y fuera de su vida, de alguna manera ha atraído su codependencia como si fuera un faro que la anuncia como libre de abuso, y reconoce que ya no puede soportar el dolor más.

En lugar de seguir sufriendo, la codependiente decide en su lugar esencialmente apagar el lado emocional de sí misma. Ella apaga su capacidad de sentir relaciones, retirándose profundamente dentro de sí misma y esencialmente jurando amor y relaciones. En lugar de arriesgarse a otra relación abusiva o narcisista, ella decide aislarse.

Por supuesto, aislarse a sí misma viene con su propia serie de problemas. En primer lugar, es que nunca intenta manejar su trauma y su equipaje que lleva con ella después de lo que probablemente fue una larga historia de abuso. Ella no reconoce cuál es el problema y en su lugar sumerge su cabeza en la arena, negándose a solucionar el problema. Mientras que retirarse es una especie de mecanismo de confrontación, no hace nada para ayudar a los codependientes con la curación.

Además, esto sólo sirve para huir del contacto humano en general. La codependiente puede estar evitando más abusos narcisistas, pero también está evitando cualquier tipo de relaciones significativas también. Ella no ve que hay amor real y saludable por ahí y en su lugar se aleja más del mundo romántico. Ella elimina la opción de amor saludable por completo. Mientras que muchas personas pueden vivir sin afecto o romance en cualquier forma real, muchas personas consideran hacerlo algo que nunca querrían hacer.

La codependiente alcanza el estado de anorexia de codependencia cuando logra separar por completo sus necesidades emocionales y sexuales. Ella decide retirarse de todo contacto humano significativo.

Ella se está muriendo intencionalmente de amor e intimidad en un intento de protegerse, pero junto con no sanar, ella en realidad sólo está empeorando sus heridas. Los humanos buscan intrínsecamente compañía. Anhelan amor e intimidad, y sin ellos, pueden comenzar a sufrir consecuencias muy reales.

Tanto la salud mental como la capacidad futura de crear relaciones saludables sufren durante este estado de anorexia, en el que el codependiente está evitando constantemente y conscientemente el contacto humano. Ella ve cada punto de contacto como una posibilidad de peligro, y con frecuencia hace todo lo que puede para alejarse incluso de las posibilidades percibidas de peligro. Por ejemplo, si está fuera en una fiesta de día festivo a la que se le encomendó asistir al trabajo, puede intentar evitar a cualquier persona que perciba que pueda estar interesada en ella. Incluso las bondades más pequeñas se evitarían, ya que la codependiente lucha por identificar la diferencia entre el amor y la piedad o la compasión, y si ella siente que podría estar en riesgo de abrirse a una relación, es probable que se encoja detrás de su barrera que ella se ha construido, retirándose emocionalmente por completo. Ella ve que está cerrada como segura de daños, y se retirará a ese punto en cualquier momento en el que se sienta vulnerable.

En última instancia, la codependiente en medio de la anorexia no reconoce cómo esa privación de amor y sexo puede paralizarla. Puede que haya evitado el dolor, pero también se ha condenado a una vida solitaria, lejos de cualquier conexión significativa, y esa no es una vida que mucha gente quiera perseguir. La gente está confinada al querer conectarse entre sí, y sólo porque ella fue herida antes no significa que ella será lastimada de nuevo. Ella puede aprender a amar de nuevo si intenta hacerlo, pero a menudo tiene demasiado miedo de intentarlo. Esto puede conducir a un apego insalubre a los niños o a la familia, ya que ninguno de esos grupos corre el riesgo de sufrir daños en las relaciones. Desafortunadamente, esto significa que los hijos de los codependientes que han elegido morir de hambre de amor pueden encontrarse enredados con sus padres, lo que significa que son utilizados como apoyo en lugar de ser apoyados por sus padres.

Esto es común conocido como incesto emocional, en el que un padre recurre a un niño para proporcionar el apoyo que normalmente proporciona una pareja íntima o romántica. El niño sería el oído para escuchar al padre cada vez que estaba sufriendo o estaba estresado, pero esto sólo pone al niño en riesgo de convertirse en codependiente, ya que el niño aprende que sus propias necesidades no son importantes en comparación con las del padre codependiente.

En última instancia, este estado de anorexia codependiente es perjudicial para todos los involucrados. Los hijos de las personas encuentran su propio sufrimiento de salud mental. La persona codependiente se queda atrás, sola y herida. Hay mucho que las personas codependientes pueden hacer con el fin de aliviar ese dolor y comenzar la transición de nuevo al mundo del romance. Pueden buscar terapia. Pueden ser evaluadas para ver si tienen problemas de salud mental, como el trastorno de estrés después de un aluvión constante de narcisistas y abusadores corriendo desenfrenadamente en su vida. Ella puede encontrar grupos de apoyo destinados a mostrarle que no está sola en su sufrimiento. Ella puede comenzar a abrirse a amigos y familiares y expandir lentamente sus círculos. Lo que ella no debe hacer, sin embargo, es buscar una nueva relación antes de que esté lista, que puede no ser por mucho tiempo. Ella debe, sin embargo, recordar que el amor está por ahí en alguna parte y que se puede lograr sin preocupación por el abuso.

Capítulo 5

───── ❧❦❧❦ ─────

Siendo un observador consciente de su vida

El abuso narcisista es insidioso, lentamente penetrando cada parte de su vida. Mientras más se sienta usted atrapado en el abuso, más desubicado y perdido estará, hasta eventualmente; se sentirá que esta sólo flotando a través de toda su vida, y que usted es una mera cascara del bello individuo que es, bien parecido a lo que era antes de enredarte con un narcisista. Poco a poco, el narcisista le doblega, hasta un día, en que usted ya no se reconoce en el espejo. Mientras el abuso narcisista es increíblemente dañino, no tiene que ser permanente, y usted puede recobrarse de sus efectos, aunque usted siempre puede soportar una parte de las cicatrices dejadas por las heridas. Si siente que usted podría estar en una relación narcisista cargada con abuso, este capítulo le proveerá de los signos delatores y los nombres puestos para los tipos diversos de abuso que usted tiene, y que puede haber afrontado. Por favor recuerde, ningún abuso vale la pena tolerar, y no importa lo que nadie más haya dicho, nadie merece ser abusado. Usted merece felicidad y salubridad, y puede alcanzarla. Si siente que está siendo abusado y necesita ayuda de inmediato, no dude en comunicarse con otras personas a su alrededor, o llamar a sus servicios de emergencia o a su línea local de abuso doméstico. Hay ayuda disponible para usted y usted no tiene que estar atrapado por más tiempo de lo que ya ha estado.

Tipos de abuso

El abuso narcisista viene en muchas formas diferentes, y algunas de ellas pueden sorprenderte. Muchos comportamientos que usted puede haber visto como control o que lo hicieron sentirse incómodo pueden ser en realidad tipos de abuso que usted ha pasado por alto durante demasiado tiempo debido a la falta de evidencia física de su abuso.

Tenga en cuenta que no todos los tipos de abuso tienen que ser físicos, y hay muchos otros tipos que pueden dejar cicatrices mucho peores que un puñetazo. Si usted está experimentando cualquiera de estos, entienda que usted está bien dentro de sus derechos para irse, y salir es la opción más saludable. Usted no está obligado a vivir en una situación abusiva, no importa cuánto miedo tenga usted de vivir.

Abuso verbal

El abuso verbal implica gritos, menosprecio o cualquier otro tipo de maltratos verbales. Estos se dicen con la intención de derribarlo en lugar de ser algún tipo de crítica negativa, pero todavía constructiva, y el abuso verbal no debe pasarse por alto sólo porque no deja marcas físicas.

Esto puede implicar insultos, decirle que usted es un inútil, criticarle, atacarle, interrumpirle y cualquier otro uso intencionalmente dañino de una voz. Incluso las demandas, las amenazas y el sarcasmo son formas de abuso verbal. Para decidir si algo es una forma de abuso verbal, considere el contexto y si fue malicioso. Si contextualmente, se dijo que le lastimaba, entonces es probable que sea abuso verbal. Si fue algo que le derribó, pero estaba destinado a ser de beneficio para ti, puede que no lo haya sido.

Manipulación

Como se ha discutido en profundidad, la manipulación es uno de los juegos favoritos del narcisista. Les encanta ejercer control sobre usted, tirando de sus cuerdas para obtener sus resultados deseados con la cantidad justa de negación.

A menudo, estas tácticas manipuladoras se hacen de una manera en la que parece inofensivo para los forasteros, pero usted siente en sus entrañas que era hostil o degradante. Confía en tu reacción interior.

Abuso emocional

El abuso emocional implica castigos, amenazas, intimidación, tratamiento silencioso u otros actos que intuyen sus emociones. Está destinado a menospreciarle y mantenerle con miedo. Esto está destinado a desencadenar la respuesta de miedo, obligación y culpa, manteniéndole atascado en la espiral de estas tres sensaciones. También implica jugar con sus emociones, como construirse con el amor bombardeando sólo para desgarrar repentinamente ese amor y afecto en un abrir y cerrar de ojos. Cualquier cosa que juegue con sus emociones es una forma de abuso emocional.

Abuso físico

Esta es quizás la más obvia de las tácticas de abuso utilizadas por los narcisistas. Cualquier abuso que le dañe físicamente o le mantenga atrapado en una forma de abuso físico. Puede haber muestras de agresión, como perforar puertas o paredes, o actos de mantenerte en su lugar cuando quieras irte. Si las manos de la otra parte alguna vez están sobre usted sin su consentimiento, es abuso físico.

Abuso sexual

Incluso en las relaciones románticas y los matrimonios, el abuso sexual es un problema con el que las parejas se pelean. El hecho de que usted esté casado o haya dado su consentimiento a actos sexuales en el pasado no significa que su permiso sea indefinido. Algunos narcisistas usarán esto para mantener el control sobre usted o para satisfacer sus propias necesidades cuando actué de forma intransigente.

Negligencia

La negligencia se considera típicamente en el contexto de un niño con un padre narcisista, aunque podría verse en otros contextos también si el narcisista está en una posición de proporcionar todo lo necesario para sobrevivir, pero se ha negado a hacerlo. En el contexto de los niños, esto puede incluir dejar al niño en una situación peligrosa o morir de hambre.

Abuso financiero

El abuso financiero implica retener todo el dinero o la gran mayoría del dinero, y sólo proporcionar a la víctima una pequeña cantidad, o en algunos casos, ninguno en absoluto, incluso si la víctima es la que lo ganó. Esto es para mantener a la víctima dependiente del narcisista para todo, lo que permite una manipulación más fácil en el futuro. Esto se puede hacer a través de amenazas, robo, o incluso el uso de su nombre e información privada para sacar tarjetas de crédito a su nombre y acumular deudas con ellos.

Aislamiento

El aislamiento implica poner una brecha entre la víctima y cualquier persona que pueda ser un sistema de apoyo para la víctima. Su contacto con el mundo exterior puede estar restringido con el fin de otorgar al narcisista un control más completo, pero también para asegurarse de que el abuso no se descubre.

Signos de abuso

Las personas que son abusadas por los narcisistas a menudo reportan signos y síntomas similares del abuso. Aunque no todas las personas seguirán este patrón exactamente, muchas personas exhibirán algunos de estos síntomas si han estado expuestas a abusos narcisistas sistemáticos y regulares.

Sentirse separado de sus emociones

Separarse es una forma de un mecanismo de defensa llamado disociación. En este estado, se siente separado de sus emociones, y en algunos casos, de tu cuerpo. Es una de las características más definitorias de experimentar un trauma y se ve con frecuencia en sobrevivientes de abuso narcisista. La mente trata de secuestrar el evento traumático para tratar de hacer frente a él, pero esto puede tener algunas implicaciones graves, ya que puede comenzar a fragmentarse en varias piezas sólo para hacer frente al abuso que ha sufrido, y puede comenzar a experimentar niveles alterados de conciencia y ver efectos en su memoria.

Caminar sobre cascaras de huevo.

Aquellos que han vivido traumas a menudo hacen todo lo posible para evitar cualquier cosa que este remotamente asociada con el trauma. Usted puede comenzar constantemente a evitar a las personas que le recuerdan a su abusador o tener cuidado de evitar decir algunas de las frases que usaba con frecuencia con el fin de evitar sentir una sensación de ser activada. Usted puede comenzar a ver lo que hace o decir alrededor de su abusador con la esperanza de evitar otro error de abuso, pero es probable que todavía sea su objetivo. Esto le deja ansioso la mayor parte del tiempo, con esa sensación de caminar sobre cáscaras de huevo mientras tratas desesperadamente de evitar poner en marcha a tu abusador.

Auto-Sacrificio

A través de ser abusado y no tener ninguna de sus necesidades satisfechas por un largo período de tiempo, usted ha renunciado a satisfacer sus propios deseos y necesidades. Sus metas y deseos se descuentan a favor de atender al narcisista, asegurando que nunca lo molestes o le desencadene en un intento de evitar más abusos. En última instancia, se queda sin ambiciones ni pasatiempos, habiendo dejando todo su ser consumido por el narcisista para su propio beneficio personal.

Problemas de salud relacionados con la angustia psicológica

A menudo, su angustia psicológica se manifiesta físicamente. Su peso puede haber fluctuado drásticamente, o su cuerpo, abrumado por el estrés, ha comenzado a mostrar signos de envejecimiento o se encuentra cada vez más enfermo que nunca antes. El abuso aumenta los niveles de cortisol a medida que te estresas, lo que suprime el sistema inmunitario. Su sueño se ve interrumpido por un trauma, que aumenta aún más sus niveles de estrés.

Desconfianza

Después de ser traicionado tan a fondo por alguien en quien una vez confió o amo, se encuentra constantemente sintiéndose amenazado por todos los lados. No confía en nadie a su alrededor y trata de protegerte permaneciendo vigilante alrededor de todos los demás, incluso cuando las personas que le rodean pueden no haberte dado señales de que le harían daño.

Autolesiones o pensamientos de suicidio

A medida que la depresión y la ansiedad se desarrollan frente al abuso, es posible que tenga pensamientos de hacerse daño usted mismo o de suicidarse. Siente que el suicidio puede ser la única manera real de salir de su situación, y se encuentra luchando para sobrellevarlo. Llega al punto de que siente que la muerte es favorable a vivir más atrapada con su abusador. Recuerde, si usted está teniendo estos pensamientos suicidas, o pensamientos de lastimarse a sí mismo, usted está teniendo una emergencia médica. Por favor, busque ayuda tan pronto como sea posible para ayudarse a estabilizarse para que pueda salir de la situación que lo llevó hasta aquí en primer lugar.

Auto aislamiento.

Mientras que el abusador con frecuencia se dedica a aislar a la víctima con el fin de mantener el abuso oculto, la víctima de abuso también puede participar en el autoaislamiento. Después de sentir vergüenza por el abuso, o sentir como si te hubieras dejado entrar en esta situación, puede tener miedo o avergonzarle de hacerle saber a otras personas acerca de su situación con miedo de que le juzguen. Especialmente en un clima social que parece favorecer a los abusadores y culpar a la víctima, usted puede tener miedo de salir y pedir ayuda, por lo que en su lugar se vuelve hacia adentro y se niega a ver a nadie.

Echarse la culpa

Es fácil culparse usted mismo por ser lo suficientemente estúpido como para quedarse atrapado en una relación tan mala en primer lugar, cuando se encuentra sufriendo a través del abuso narcisista. Sin embargo, tenga en cuenta que no pidió que le abusaran, y no se lo merecía. El narcisista es experto en manipular a la gente para que vea lo que quiere que vean y usted cayo en ello, como lo hicieron otros, y como otros lo harán en el futuro. Esto no es un defecto suyo; se refleja únicamente en el narcisista.

Auto-Sabotaje

Las víctimas de abuso con frecuencia se encuentran desarrollando una voz interior que refleja la de su abusador. La víctima desarrolla vergüenza relacionada con la situación, y en muchos casos, auto-sabotajes debido a una sensación percibida de inutilidad. Debido a que el abusador ha golpeado tanto a la víctima, la víctima ha llegado a aceptar la narrativa del narcisista sobre el mundo que los rodea.

Vivir en el miedo

Los narcisistas se ofenden cada vez que alguien a su alrededor está experimentando gozo o éxito, y a menudo, es durante esos períodos de éxito o felicidad en los que el narcisista se intensifica, castigando a cualquiera que se atreva a tener algo de lo que estar feliz. Esto hace que la víctima del abuso narcisista desarrolle un miedo al éxito o al disfrute. La disposición temerosa también permite que el narcisista siga siendo el centro de atención con menos competencia.

Protegiendo al abusador

A menudo, la víctima siente cierta necesidad retorcida de proteger al abusador de las consecuencias de tales acciones atroces.

Este es un mecanismo de confrontación que está destinado a ayudar a calmar la disonancia cognitiva   que sólo

Ha sido usada por alguien que ha sido abusado por una persona que declara que el amor puede entender. La víctima puede sentir que hay una necesidad de proteger al narcisista debido a la obligación y porque el narcisista dice amar a la víctima. La víctima generalmente asume una parte de la culpa y dice que las cosas no son tan malas como parecen debido a sentir como si la víctima no será capaz de sobrevivir sin el narcisista allí para ayudar.

Resultados del abuso

En última instancia, incluso después de escapar inicialmente del abuso, usted puede notar los efectos duraderos de vivir con un monstruo tan tóxico. Recuerda, esto no es un reflejo de ti, sino del abuso que sufriste, y te llevará tiempo y esfuerzo trabajar más allá de estos obstáculos y convertirte en la persona que mereces ser. Los hábitos de comportamiento más frecuentemente notados después de haber escapado del abuso de un narcisista son el ecoísmo y algunos trastornos de salud mental.

Ecoismo

En el mito griego de Narciso y Eco, Eco fue maldecido. Ella sólo fue capaz de repetir lo que se le dijo a su último, y cuando se enamoró de Narciso, sólo pudo repetir lo que él había dicho. No la amaba de nuevo, y en última instancia, maldijo para repetir sus palabras; se desvaneció y murió, dejando atrás sólo su voz, que se haría eco de cualquiera que llamara a su alrededor.

Al igual que la ninfa, Eco, los que sufren de ecoísmo no desarrollan un sentido de sí mismos o tienen ese sentido de ser erosionado. Por lo general, las personas más empáticas y emocionalmente sensibles, aquellos que se convierten en ecos se sienten como si hubieran dejado atrás sus identidades. Ponen sus necesidades en último lugar, desarrollando en última instancia el miedo a tener necesidades en primer lugar. Sienten que tener necesidades y actuar sobre ellas es suficiente para demostrar que son egoístas, aunque eso es realmente sólo una táctica de proyección que el narcisista ha utilizado para convencer a la víctima de abandonar sus propias necesidades por su bien.

El ecoísmo es el sentido último de la gente agradable, y estas personas sufren, incluso después de dejar la relación por completo, como la creencia interiorizada de que la víctima no puede tratar de participar en el autocuidado o tener cualquier tipo de identidad lejos del narcisista la cual está arraigada.

Problemas de salud mental

Aquellos que han sufrido de Desorden de Personalidad Narcisista, especialmente cuando era particularmente tóxicos, pueden encontrarse a sí mismos sufriendo de otros problemas de salud mental. La tensión constante de tratar de satisfacer al narcisista insaciable puede convertirse en ansiedad y depresión, que tienen muchas víctimas en el individuo. Constantemente tener necesidades no satisfechas y recibir críticas si te atreves a intentar expresar descontento o que necesitas algo puede llevar tanto a ansiedades en la confrontación o una sensación de depresión a medida que se decide a creer que la situación es desesperada. A través de un trauma repetido, incluso puedes desarrollar trastorno de estrés postraumático, especialmente cuando el abuso sufrido por el narcisista es particularmente malo.

En última instancia, dejar a un abusador narcisista es la única manera verdadera de evitar el daño y protegerse a sí mismo y a su salud mental. Cuanto más tiempo esté en la relación, más difícil será dejarlo ir a medida que la vinculación de trauma saque como una imposibilidad. A pesar del abuso, siente que la vida no podría suceder de otra manera, y te encuentras atascado. Recuerda que no tiene que permanecer en una relación de este tipo, y salir siempre es una opción.

Capítulo 6

────── ✥✥✥ ──────

La práctica de la meditación plena y su propósito

Cuando empieza a reconocer los comportamientos tóxicos que los narcisistas traen a su vida, es natural sentirse apagado y desea alejarse de ellos. Cuando una víctima se aleja de un narcisista, pero no decide firmemente cortar todas las conexiones con ellos, lo llamamos "yendo con contacto lento". Para muchas víctimas, este es el primer pequeño paso hacia cambios revolucionarios en su vida social y profesional.

Aun así, para una víctima de abuso narcisista, ir con un contacto lento es un poco como un alcohólico que tratando de reducir a dos o tres bebidas por semana, en lugar de abrazar la abstinencia completa. En algunos casos, es realmente la mejor opción para la víctima, por ejemplo, si comparte la custodia de su hijo con un narcisista, o si usted es financieramente dependiente. Pero incluso en estos casos, es imperativo para la víctima mantener límites fuertes, y estar atento a todas sus interacciones con el narcisista, para no permitir que ningún comportamiento sutil o abusivo se deslice a través de las grietas.

Recuerde que, para el narcisista, toda la atención es buena; ellos pueden inducirle a sentir, por un tiempo, que ha ganado la ventaja en la relación al escuchar sus quejas sobre su comportamiento, incluso permitiéndole gritar para expresar su frustración, o incitarle a "vengarse" con ellos. Si bien podría imaginar que esto es doloroso o difícil para ellos, pueden, de hecho, disfrutar que les grites, porque les demuestras que todavía estás abrumado por las emociones que están en usted. Eso es hace sentir poderosos.

Tal vez quieran que sientas que tienes poder en la relación por un corto tiempo, pero esto suele ser un truco táctico para controlar que de nuevo te adormecen en una falsa sensación de seguridad antes de que exhiban más comportamientos abusivos.

Su objetivo es mantenerte comprometido y cautivado, con toda tu energía enfocada más en reaccionar ante el narcisista que en alimentar tu propio bienestar.

¿Es hora de un cambio?

Las víctimas de abuso narcisista a menudo se sienten muy inseguras acerca de cómo avanzar, porque están a mitad del camino (o más) convencidos de que son el problema, y el narcisista no ha hecho nada malo. Las tácticas esbozadas en los capítulos cinco y seis trabajan acumulativamente para capacitar a las víctimas para que se culpen por el abuso que sufren. Se les ha dicho que son melodramáticos; que están exagerando; que están imaginando cosas; que están locos; y que ellos, las víctimas, son de hecho los que poseen un sentido exagerado de auto-importancia.

Pero si se ha encontrado aquí, leyendo este libro, lo más probable es que sepa, en algún lugar profundo de usted, que esta relación no es buena para usted. Tal vez haya notado que su personalidad o apariencia física cambia cuanto más tiempo está expuesto a esta persona; tal vez usted está experimentando síntomas emocionales que no se puede explicar fácilmente, como la depresión, la ansiedad, el miedo social, o la ira crónica.

Tal vez simplemente se ha dado cuenta de que teme pasar tiempo con esta persona, porque la relación sólo les sirve mientras drenas tu energía.

Aquí hay una lista de verificación para revisar cada vez que se sienta preocupado de que una relación podría haberse vuelto tóxica, pero no puede ver una solución clara, o rastrear la fuente de los problemas dentro de ella.

Si usted se identifica fuertemente con estos sentimientos, ese es un indicador bastante fuerte de que algo en la relación necesita cambiar, o al menos ser examinado con un ojo cuidadoso.

Practique escucharlo con decisión y honra tus sentimientos. No son simplemente un inconveniente, ya que los narcisistas en su vida pueden haberle enseñado a creer; sus emociones son herramientas poderosas que pueden ayudarle a evitar el peligro, y encontrar la verdadera felicidad.

Usted ya no sabe cuál es el camino a seguir

Este es un efecto común de la manipulación psicológica. En una relación con un narcisista, a menudo se les dice a las víctimas que sus percepciones exactas de la realidad son delirantes. Un narcisista podría llamar feo a su víctima, y luego pocos minutos después, negar que esto haya ocurrido con suficiente convicción para convencer a la víctima de que imaginaron todo el incidente. Si con frecuencia dejas conversaciones contenciosas con el posible narcisista en tu vida sintiendo que no podías resumir la discusión a un terapeuta u otra parte interesada, esto puede ser parte de la razón del porqué. Es muy recomendable que comience a llevar un diario de estas discusiones y otras incidencias de tratamiento inapropiado o abusivo; esto le ayudará a reconocer y prevenir los nuevos intentos del narcisista de jalearle y evitar la rendición de cuentas. También le ayudará a construir más confianza en su propio juicio, y a mantener una resolución más fuerte cuando el narcisista intente volver a su alcance manipulador.

Usted se encuentra en una posición defensiva sobre solicitudes razonables

Los narcisistas son expertos en el cambio de culpa, lo que significa que son excelentes para hacer que sus víctimas se sientan conscientes de las realidades de su victimismo. Digamos, por ejemplo, que usted es el mejor amigo de un narcisista que con frecuencia les gustan bombardeos de amor y luego te descarta, apareciendo sin invitación cuando necesitan su atención, pero luego de pie para las fechas de cena acordadas. Es perfectamente razonable que un amigo en esta situación exprese su insatisfacción al ser confrontado, y pida al amigo narcisista que trabaje y mejore en esta área de la amistad. Pero un narcisista podría reaccionar fácilmente dando a entender que la víctima es de alguna manera emocionalmente débil por no querer comer solo, o para necesitar su validación.

Incluso podrían llegar a culpar al amigo agraviado por elegir un lugar o un momento incómodo para reunirse, o tener habilidades de comunicación deficientes que les impidan expresar adecuadamente lo importante que es para ellos no ser plantados.

Se trata de un intento de cambiar el asunto, o mover el objetivo, del argumento. Si le resulta infinitamente frustrante tratar de mantener este tipo de conversaciones sobre el tema con cierta persona en tu vida, o descubre que está teniendo el mismo argumento una y otra vez sin que sus necesidades sean abordadas o los comportamientos problemáticos cambian, toma nota de este hecho y proceder con precaución. Usted nunca debe tener que disculparse o llegar a la defensiva al pedir una cortesía común de alguien que dice preocuparse por usted, siempre y cuando la solicitud se hace de una manera respetuosa. Cuando lo haces, te subordinas y estableces un precedente para que otros te traten como un felpudo.

Tienes que explicarle lo básico a un adulto, como si fuera un niño

¿Recuerdas el juicio político de Bill Clinton, cuando toda la nación vio al presidente de los Estados Unidos (presumiblemente un individuo muy bien educado y socialmente inteligente) pedir que se le defina y aclare la palabra "es" definida y aclarada por él? No podemos necesariamente diagnosticar al ex presidente como un narcisista patológico, pero su comportamiento en ese entorno fue ciertamente ejemplar de tácticas de argumentación narcisistas. Los narcisistas no pueden aceptar la culpa, expresar remordimientos genuinos o manejar la vergüenza, por lo que no están por encima de jugar a ser tontos o bordear tecnicismos para evitar enfrentar las consecuencias de sus acciones. Es posible que se sienta mentalmente agotado si hay un narcisista en su vida que rutinariamente lo ponga en la posición de explicar las reglas de la decencia humana común, por ejemplo, por qué es grosero interrumpir a la gente, o que es inapropiado sonreír o reírse de alguien el dolor emocional de otra persona- como si el narcisista es un niño de cinco años no podría esperarse que sepa nada mejor.

Es importante tener en cuenta que también puede tener esta experiencia con personas que realmente no saben mejor, como un individuo en el espectro del autismo; por el contrario, sin embargo, una persona en el espectro probablemente será capaz de reconocerlo si estas cuestiones han sido puestas en su atención en el pasado, incluso si aún no han corregido los comportamientos ofensivos, mientras que un narcisista fingirá una ignorancia completa.

Cuando piensa en ellos, usted se siente dividido en dos

Como alguien que se encuentra pies arriba por el Dr. Jekyll, pero aterrorizado por el Sr. Hyde, usted puede sentir como si al mismo tiempo ama y odia a esta persona. Este es un resultado desafortunado del ciclo de abuso; por todas las experiencias negativas, también hay máximos extremos en la relación, por lo general los que eclipsan las experiencias positivas en sus conexiones interpersonales más saludables y estables. También puede sentirse confundido acerca de qué cual lado de la persona es real: la figura perfecta, sin culpa, intachable que la mayoría del mundo ve, o el monstruo que sale de vez en cuando para aterrorizar a usted y algunas otras víctimas desafortunadas.

Finalmente, usted puede sentirse dividido en dos basado en su conocimiento, de la experiencia pasada, que tratar con ellos te pone en un verdadero aprieto; incluso cuando sabes que deberías defenderte a ti mismo, o por justicia en nombre de otra persona, sabes que serás condenado si lo haces y condenado si no lo haces.

El narcisista no escuchará la razón ni tolerará la disidencia, e incluso si estás en lo correcto, es más probable que te castiguen por ello.

Se siente nervioso o ansioso por situaciones que nunca te habían molestado antes

En una relación con un narcisista, los refuerzos positivos y negativos se reparten aparentemente al azar. La única lógica que se puede aplicar a las reglas de esta   relación es la del deseo.

Del momento a momento del narcisista, por lo que puede ser alabado por un cierto comportamiento en un día, y luego inexplicablemente castigado por hacer lo mismo en un momento posterior.

Esta dinámica crea una sensación de tensión constante en la relación y la ansiedad en la víctima, que no sabe lo que están haciendo bien o mal. Como tal, la víctima puede desarrollar ansiedades en torno a especificas situaciones (personas, lugares, situaciones o circunstancias) sintiendo que, aunque una vez se sintieron cómodos manejando estas cosas, ya no entienden lo que se espera de ellos, ni saben qué esperar de la situación desencadenada por ellos. Esencialmente, la víctima aprende a asociar sus recuerdos y emociones negativas con las circunstancias, en lugar de la narcisista que hizo una situación normal inmanejable para ellos.

Tiene miedo de abogar por usted mismo

Algunas personas naturalmente luchan por hablar o ser asertivas con otras, pero las víctimas de abuso narcisista tienden a sentir una marca muy específica de miedo en lo que respecta a afirmar sus necesidades en las relaciones interpersonales. Esto se debe a que los narcisistas tratan a sus amantes, amigos, colegas y familias como seres inferiores a ellos cuyas necesidades son secundarias; además, además, entrenan a estos individuos para temer y que abogar por ellos mismos es inherentemente narcisista y los hace poco amables. Las víctimas no solo se sienten nerviosas por hablar, realmente tienen miedo de que pedir un trato justo e igualitario resulte en una pérdida catastrófica para ellas.

Pasar demasiado tiempo con un narcisista puede destruir el barómetro interno de una persona para niveles saludables de autoestima, así que, si te encuentras frecuentemente tolerando intrusiones sobre tus límites personales y sintiéndose temeroso de hacerlas cumplir, sería prudente buscar la ayuda de un terapeuta o consejero. Cualquiera que tenga miedo de abogar por sí mismo también podría tener su objetivo en la frente, ya que es extremadamente probable que caigan en relaciones desequilibradas con abusadores aún más narcisistas.

No recuerda la última vez que usted dijo "no"

Los narcisistas entrenan a sus víctimas para que sean personas que digan "sí". Con el tiempo, las víctimas aprenden que son tan valiosas como su capacidad para complacer al narcisista (o sus monos voladores), hasta que llegan a un punto en el que no solo ayudan a los demás porque quieren, la necesidad de complacer a otras personas. se vuelve imperativa y no complacer a los demás resulta en una vergüenza profunda e inquietante. En cualquier relación, ya sea romántica, platónica, familiar o profesional, debe sentirse totalmente bienvenido a decir "sí" a las cosas que desea y decir "no" a cualquier cosa que lo haga sentir incómodo. Si este no es el caso, debe reconocer que no hay lugar para la coacción o la manipulación en las relaciones saludables, y tomar las medidas necesarias para proteger su derecho a dar o negar su consentimiento a voluntad.

Usted se siente mareado o incómodo al recibir una atención positiva, o halagos de otros

Esta actitud puede surgir en las víctimas que han existido en un estado de competencia sin fin con los narcisistas en sus vidas. Las víctimas pueden haber sido castigadas rutinariamente por el narcisista por "robar el centro de atención", o acostumbrarse a que cualquier elogio se dirigiera a su camino negado o invalidado por el narcisista poco después. Esta mentalidad puede llegar a estar tan profundamente arraigada en la mente de una víctima que todavía está inquieta por recibir atención positiva cuando el narcisista no está presente, y es poco probable que se entere de la interacción. Incluso puede afectar la capacidad de la víctima para mantener el contacto visual con otras personas, o para hacer cualquier cosa en conversaciones además de hacer preguntas y escuchar. Esta actitud también desalienta a las víctimas de perseguir sus propios objetivos; desarrollan un miedo al éxito aparente, porque podría convertirlos en un blanco de la envidia del narcisista.

No sabe en quién puede confiar

A los narcisistas les gusta sembrar miedo y desconfianza entre sus diversas fuentes de suministro narcisista, ya sean miembros del harén o monos voladores. De hecho, puede ser más importante que estas personas sospechen mutuamente de una mala intención que para cualquiera de ellos llevar entusiasmo o afecto genuinos por el narcisista reinante. Esto evita que sus subordinados unan fuerzas para derrocar o exponer al narcisista, y creen una atmósfera en la que todo el mundo cree que el narcisista ve, oye y sabe todo lo que sucede, incluso cuando están ausentes. El miedo y la paranoia trabajan para mantener a las víctimas en silencio.

Está cuestionando sus valores, o lamentando las decisiones moralmente sólidas que hizo en el pasado.

Es importante que todos desarrollen una brújula moral interna fuerte y se aseguren de que se define por valores personales en lugar de basarse en los sentimientos de otras personas. El abuso narcisista puede crear complejas redes de disonancia cognitiva dentro de las víctimas, que serán jadeadas y les dijo que sus comportamientos bien intencionados eran realmente maliciosos, sus emociones son huecas y fingidas en aras de la manipulación, y su ira o la tristeza no es válida.

Si usted está sintiendo la presión de arrepentirse o corregir un comportamiento pasado que usted sabe en lo más profundo fue la elección correcta, es importante examinar este sentimiento y cuestionar el motivo detrás de la presión.

Como ejemplo, si usted interviene en nombre de un desvalido que está siendo acosado, y más tarde se le hace sentir como si se tratara de una acción egoísta o auto justa, debe cuestionar estas afirmaciones. Si inviertes tu brújula moral y aceptas estos juicios, ¿a quién sirve más? ¿A quién protege? ¿Cómo podrían haber salido las cosas de manera diferente sin su intervención?

La presión para alterar tu brújula moral puede provenir de un tercero, pero al hacer estas preguntas, por lo general encontrarás que el narcisista en tu vida se beneficia más de tu abandono de fuertes valores morales.

Ir con un contacto bastante lento

Cuando ha determinado que cierto narcisista tiene una influencia negativa en su comportamiento y ambiente emocional, no hay razón para seguir tratando de arreglar lo que está roto en usted. En este punto, es probable que haya probado todos los trucos del libro para animarlos a tratarle con compasión y respeto mutuo. A partir de ahora, haga un esfuerzo para no perder más tu aliento o tiempo en una causa perdida.

Es posible que aún necesite mantener una buena posición en el libro del narcisista; pueden tener poder financiero, profesional o espiritual sobre usted, o simplemente pueden estar profundamente enredados en su círculo social.

Aun así, reducir la cantidad de energía y esfuerzo que dedicas a mantener y mejorar esta relación puede liberar una enorme cantidad de tiempo para que se dedique a la curación y al crecimiento personal.

Por lo general, no es necesario exponer explícitamente su deseo de pasar menos tiempo con esta persona. Simplemente puede dejar de comunicarse con ellos, sin dejar de ofrecer respuestas educadas cuando se pongan en contacto con usted.

También puede hacer un esfuerzo lento pero deliberado para alejarse de instituciones o grupos compartidos, siempre y cuando no se esté haciendo un daño con esta acción, o participando en este comportamiento simplemente para molestarlos.

Por lo general, es desaconsejable usar excusas, si y cuando el narcisista toma nota de su comportamiento cambiante. Si bien podría ser tentador responder a su pregunta de "¿qué pasa?" con un rechazo suave, diciendo "nada, acabo de estar ocupado últimamente", o "oh, sólo estoy teniendo algunos problemas personales con mi familia", este tipo de excusas eventualmente volverán a morderte en el Trasero.

El narcisista podría sentir que se les deben explicaciones más detalladas, y comenzar a curiosear en su negocio; peor aún, esperarán que su comportamiento vuelva a ser "normal", lo que significa que reanudará adorarlos y soportar el abuso, una vez que esta excusa haya corrido su curso.

Una alternativa mucho mejor es dejar que el narcisista sienta que fue su idea retirar energía y atención de la relación. La mejor manera de inspirarlos a hacer eso es convirtiéndose en una fuente disfuncional de suministro narcisista, utilizando la técnica "Grey Rock" para desviar la atención del narcisista.

Capítulo 7

───────❧❦❧❦───────

La práctica hace la perfección

Muchas veces debe haber oído que la verdadera sanación ocurre sólo cuando se perdona y olvida realmente desde lo más profundo del corazón.

También puede que se pregunte y piense en lo mismo porque casi todas las religiones hablan del perdón como un camino hacia la curación, pero al mismo tiempo, surge la pregunta de cómo puede perdonar a la persona que le causó tanto daño y si es posible perdonar a alguien que ha sido responsable de su devastación, especialmente cuando no reconocen lo que han hecho.

Otra pregunta que puede atormentarle es si perdonar está justificado dado que el narcisista está equivocado en tantos niveles y es una persona peligrosa no sólo para usted, sino también para la sociedad en general.

No está solo en esta batalla, y es completamente normal enfrentar estas preguntas. No se golpee por tener estas preguntas, y pensar en esta línea no se convierte en un mal cristiano en absoluto. Es posible que también haya escuchado cosas como no perdonar le harán no espiritual.

Lo primero que hay que tener en cuenta es que este es su viaje solo. Usted tiene todo el derecho a decidir qué hacer, cuándo hacerlo y cómo hacerlo.

Pero es bueno para usted saber que el perdón es parte del viaje. Una vez que ha perdonado al abusador es cuando realmente ha seguido adelante.

Luché con el perdón durante muchos años hasta que conocí a Diane. Nos conectamos a través de un grupo de apoyo y me sentí inmediatamente atraída por ella porque ella siempre hablaba de su pareja abusiva de la que todavía no estaba separada con amabilidad.

Me preguntaba cómo alguien era capaz de pasar por un abuso tan cruel y no sólo permanecer en el matrimonio, sino mantener una actitud tan positiva. Aunque no aconsejo a nadie que se mantuviera en una relación abusiva, Diane había tomado su decisión de seguir con Tom. No podía entenderlo, pero definitivamente respetaba su posición. Ella compartió cómo aplicó un principio de perdón hacia adelante, lo que significa que había elegido perdonarlo por el pasado, el presente y también cualquier daño que infligiría en el futuro.

Esto puede sonar impactante para usted, pero la verdad es que me ayudó a poner en perspectiva las cosas que me habían sucedido. Si realmente iba a dejar atrás el pasado, tenía que enfrentar mi dolor y mi ira, y poder decir. Lo perdono hacia adelante.

El perdón no significa que tengas que hacerle saber al abusador que él está fuera y darle la bienvenida de nuevo a tu vida. Ciertamente no hice eso. Pero como dicen, el perdón es como beber veneno y esperar que alguien más muera.

El perdón completo también significa perdonarse a sí mismo. Muchas veces a pesar de toda la curación y los pasos que la gente da o incluso usted podría haber tomado, se dará cuenta de que, en su corazón, usted no es libre todavía.

Esto se debe a que, si bien usted ha sido capaz de implementar ningún contacto estrictamente y ha establecido límites firmes, se ha olvidado de una cosa más importante. Lo más importante en su viaje de auto-curación es perdonarse a usted mismo.

Esto se debe a que nada importa, sin sesiones de terapia, ninguna cantidad de autocuidado o mimos puede hacerte ningún bien, si realmente no te has perdonado a ti mismo.

¿Por qué debe perdonarse usted?

Debes perdonarse a sí mismo, simplemente por la culpa constante que ha pasado. Muchas veces durante el viaje, se culpará a usted mismo por permitir que el narcisista abusara de su persona, por confiar en él incluso después de que sus verdaderos colores fueron revelados, por volverse adicto a él y buscarlo a pesar de todo el daño que le ha causado.

En una relación tóxica como la de un narcisista, la persona que más sufre es usted. Fue el más duro con usted mismo, y, por lo tanto, necesitas perdonarte a usted mismo.

Cuando perdonas de verdad, no estás liberando la carga del narcisista, sino que estás liberando la carga que te pones a ti mismo. Al perdonarse a sí mismo, usted deja caer el equipaje que ha estado llevando alrededor, por lo que de repente experimenta la libertad. Una vez que esto sucede, se dará cuenta de que ya no estás atormentado por los recuerdos, e incluso si recuerda algo del pasado, no le dañarán ni causarán un desarreglo.

El amor propio y el auto perdón son los repelentes del narcisista definitivo. Funcionan como nada más.

El perdón también eliminará el resentimiento desde dentro que has estado sosteniendo durante tanto tiempo. Limpiará su mente y cuerpo y te liberará.

El perdón tampoco significa que tengas que olvidarlo todo. Simplemente no es posible que te olvides por completo de todo lo que le ha pasado. No hay manera de que puedas borrar por completo este capítulo de su vida. Y borrar tus recuerdos no es necesario también.

Lo que se requiere es que los recuerdos dejen de tener un efecto negativo en usted.

A pesar de la sanación del trauma e incluso si usted ha perdonado al abusador, no significa que usted debe olvidar. Tener un recuerdo de los eventos le ayudará a detectar banderas rojas en el futuro y le ayudará a protegerse. Durante el proceso de sanación, eventualmente pasarás de la paranoia de que todo el mundo es un abusador a un ser humano normal siendo que no tiene problemas de confianza, pero siempre para recordar las lecciones que aprendiste, y lo más importante es la capacidad de detectar banderas rojas en la distancia.

No olvidar también le ayudará a ver hasta dónde llegado y tomar nota de la persona más fuerte que es hoy. También le hará una persona más sabia.

Por último, pero no menos importante si ha sobrevivido a todo el abuso y ha logrado sanar significa que hay una fuerza protectora dentro de usted que le está guiando, y debes estar orgulloso de eso.

Por último, pero no menos importante, todo el camino de la curación de un narcisista es un viaje espiritual más que cualquier otra cosa. Esto se debe al hecho de que un camino espiritual es uno en el que se busca la reconciliación y la educación a través de la iluminación. Es el único viaje que le permite viajar dentro de usted y descubrir su alma y mente para alcanzar metas más altas.

Este viaje es único para cada individuo, y ningún viaje va a ser el mismo.

La sanación de un abuso narcisista le obliga a seguir un camino de autodescubrimiento para responder a preguntas que surgen relacionadas con la ira, por qué deja que el abuso suceda, por qué todavía ama a su abusador, etc. La culminación de este viaje es cuando usted ha identificado las respuestas a las preguntas, aceptado sus defectos internos, y trabajado en la reparación de ellos.

Esta es la razón por la que la curación es más un proceso espiritual. Es el momento del autodescubrimiento, que le enseñará que tienes derecho al amor y al respeto. Esta espiritualidad del abuso narcisista viene en oleadas y no en un solo punto en el tiempo.

Poco a poco empiezas a darte cuenta de que:

• Usted está apreciando todo el amor propio y el cuidado que se está dando y también reconoce que el autocuidado es esencial para llevar una vida plena;

• Es completamente bueno ser un poco "egoísta" a veces porque sólo cuando es feliz, puede llevar una vida feliz, y esta felicidad viene de dentro;

• Usted está extremadamente cómodo con los límites que ha establecido y ya no se siente culpable por hacer cumplirlos;

• Ya no tiene pensamientos intrusivos sobre su ex narcisista, y su presencia tampoco te molesta;

• Usted está completamente a cargo de su espacio mental y físico y no permitirá que nadie se interfiera en ellos sin su permiso;

• Empieza a honrarse más a usted mismo y deja de anteponer las necesidades de los demás (ya no sufres de un complejo salvador);

• Reconoce por completo que un narcisista no puede ser cambiado y que no es su trabajo arreglarlo;

• No se descompone cuando llegan los problemas; más bien, empieza a buscar soluciones por su cuenta (este es un gran paso en la dirección correcta porque esto indica que confía en usted mismo y en su juicio algo con lo que habría luchado en los primeros días después del abuso).

Además de lo anterior, también entienden y aceptan que lo que les sucedió no fue un castigo, sino más bien una lección divina de Dios. Por raro que suene, esta es la verdad. Todo esto era esencial para que descubrieras tu verdadero potencial y te acepta sitiéis a ti mismo. Con el tiempo te darás cuenta de que estos castigos son lecciones que te ayudarán a superar todas las falsas creencias que tienes sobre ti mismo.

Usted cambiará de ser una persona codependiente que también necesitaba aprobación y temía a ser una persona segura de sí misma que no depende de la aprobación de nadie. El narcisista dejará de tener ningún control o poder sobre usted, y ninguna reacción se convertirá en una rutina para ti, no algo que necesites practicar cuidadosamente.

También te darás cuenta de que la transformación es la única manera de vivir tu mejor vida, y esta es la clave para llevar tu vida de una manera emocionalmente satisfactoria. Esto no significa que nunca volverás a enfrentar te problemas en la vida o que la vida será un lecho de rosas. Esto significa que con la transformación que se ha producido, podrás abordar los problemas de una manera tranquila y madura con toda la nueva fuerza que has adquirido.

La sanación espiritual es la curación de tu "espíritu interior". Es el proceso de trabajar en la energía de la fuerza vital dentro de ti y recuperar esta energía que te pertenece.

Otro aprendizaje importante es que desde una perspectiva espiritual no hay víctimas. Durante la fase inicial de recuperación, todo parece tan difícil porque te consideras una víctima.

Considerándote una víctima no te ayudará a crecer más fuerte; más bien te hará más débil. Esto se debe a que, durante siglos, la sociedad ha considerado que las víctimas son débiles, y las víctimas siempre han estado asociadas con la debilidad. También debes haber crecido pensando lo mismo. Mientras te sientas débil, nunca podrás sanar y seguir adelante.

Pero en la espiritualidad, no hay víctimas. Llegarás a entender esto a medida que avance tu viaje de sanación. Usted entenderá que cada uno de los eventos que le sucedieron fueron sólo experiencias. El abuso también fue una experiencia que permitiste que ocurriera en algún nivel. Empiezas a considerar la persona abusada como maestra y su experiencia como una experiencia de aprendizaje que le enseñó mucho acerca de sí mismo.

Aprendes intuición de esta experiencia y confías en las señales de alerta temprana. No es que no hubieras experimentado señales de alerta temprana durante las etapas iniciales de la relación, pero conscientemente decides ignorarlas, las alejas y dejas de dar a tu intuición la atención que merece.

A través del proceso de curación, comienza a aprender a confiar en su intuición de nuevo. Una vez que empieces a confiar en tu intuición, ya no estás en una posición peligrosa en la que caerás en un depredador como un narcisista.

en una situación peligrosa cuando era una víctima. Porque cuando es una víctima, de autoestima y por lo tanto atraes al tipo equivocado de personas a su vida. Este peligro continuará para siempre, y puede haber posibilidades en las que pasará de una relación abusiva a otra, y el ciclo continuará.

El secreto para que este ciclo de abuso se detenga es la curación desde dentro. La verdad es que el abuso sucede desde afuera, su alma interior se daña, y, por lo tanto, la curación debe suceder dentro Cuando está completamente empoderado, dejas de actuar como una víctima porque ya no se siente usted como una víctima. Esto automáticamente evitará que se caiga en busca de abusadores como un narcisista en el futuro porque se irá tan pronto como detecte la primera señal de un narcisista o cualquier otro abusador.

La sanación espiritual también le ayudará a entender que su pasado sirvió para un propósito en la vida y le enseñó todo lo que necesitabas para sobrevivir al futuro. Ahora que el propósito ha terminado, el pasado le dejó, y debe estar agradecido por las lecciones que el pasado enseñó y también agradecido a Dios de que ya no tiene que vivir esa vida temerosa y traumática. Entonces, ¿cómo se alcanza la sanación espiritual? Yo diría que es simplemente acercándose a Dios y participando en actividades espirituales como la oración, el ayuno, el estudio de la Biblia y la meditación de las promesas de Dios.

Es posible que no se sienta lo suficientemente fuerte como para orar durante largas horas y ese no es el punto. Lo más importante es que pase tiempo hablando con él, igual que él estaba sentado en la habitación contigo y derramando su corazón hacia él.

Escuchar canciones espirituales también tiene una manera de calmarme personalmente, así que en los días en los que me sentía demasiado abrumada para orar, sólo toqué algo de música en mi teléfono, una y otra vez. La paz que viene de Dios es como ninguna otra, no hay manera de que yo lo hubiera hecho con mi cordura intacta sin la ayuda de Dios.

Capítulo 8

---------&&&&&----------

Los niños en la relación narcisista

Conociendo lo que ha aprendido acerca del narcisismo, tal vez se pregunte por qué un narcisista tendría un hijo en primer lugar, considerando su deseo de ser atendido y adorado, en lugar de cuidar a alguien y atender todas sus necesidades, especialmente la de un niño que necesita una gran cantidad de elogios y atención.

La gente tiene hijos, sean narcisistas o no. No depende de algo así cuando usted y su pareja decidan formar una familia. Un narcisista puede disfrutar de tener un hijo o más de uno porque crea una relación inmediata con alguien en la que siempre tendrá poder y autoridad. En la relación padre-hijo, en opinión del narcisista, el niño siempre estará bajo el cuidado de ellos debido a la naturaleza de su relación y a su diferencia en la edad y la experiencia de vida.

Tristemente, y desafortunadamente, para el hijo del narcisista, aprenderán rápidamente que ellos viven existen para complacer y servir al padre, en lugar de que los padres satisfagan todas las necesidades del niño primero. El hijo del narcisista está allí para servir como un reflejo saludable de sus logros, logros y perfección general.

Así como el abuso narcisista puede ocurrir en una asociación romántica, también puede ocurrir en la dinámica padre-hijo. Un niño pequeño con un padre narcisista aprenderá que debe actuar y comportarse como el reflejo de sus padres, incluyendo la adaptación al comportamiento y/o molde de la personalidad que dicta el padre. Puede causar mucha ansiedad en el niño a partir de una edad muy temprana porque están siendo persuadidos para negar su personalidad única para ser el reflejo espejo que el padre narcisista necesita desesperadamente que ellos sean.

El incumplimiento de los deseos del padre narcisista, por ejemplo, si el niño quiere crear y establecer sus propias metas en la vida, el padre mostrará acciones de castigo encubiertas y abiertas, incluyendo evitar, ignorar, negar y rechazar al niño por un tiempo. El padre verá la autonomía de su hijo como si estuviera contra ellos, como si el niño los estuviera traicionando intencionalmente.

Un padre narcisista es difícil para que un niño lo entienda y confié en él. Son impredecibles y a menudo confusos, rara vez consistentes en cualquier dirección con sus actitudes hacia su hijo o pareja. El padre narcisista es impulsivo, impredecible y caprichoso. Un niño quiere estabilidad, confianza y la capacidad de sentirse seguro a medida que aprenden a explorar el mundo.

La incapacidad de entender o dar sentido a las "acrobacias" interpersonales del padre narcisista puede llevar al niño a interiorizar sentimientos de vergüenza, censura o culpa cuando él no está a la espera de las expectativas de los padres. Esto puede parecerse mucho a lo que lees en la última sección sobre los síntomas del abuso narcisista, en el que el niño asumirá que es su culpa que sus padres sean infelices y que se sientan mal como resultado de ello. Un padre narcisista es completamente ajeno al daño y daño que están causando a su hijo. El mensaje que el niño recibe es básicamente, "sólo eres digno de amor si cumples con mis expectativas y mis deseos ".

Comúnmente, todas estas cuestiones se reflejan a medida que el hijo del narcisista crece y comienza a intentar tener relaciones propias. Es en la edad adulta que comienzan a procesar el trauma de lo que su padre narcisista les causó como una persona en pleno desarrollo.

Los hijos de padres narcisistas

Una relación padre-hijo distorsionada puede crear una gran cantidad de problemas emocionales y mentales graves a medida que envejeces y trabajas en tener tus experiencias en una determinada relación. Los hijos de narcisistas tenderán a buscar o gravitar hacia relaciones desafiantes o dramáticas porque fue lo que se modeló para ellos cuando eran niños. Es lo que saben que les encanta "parecer". Crecer con la creencia de que no eres esencialmente bueno o adorable, causa la cuestión de buscar sólo asociaciones que perpetúen esa creencia con otro compañero.

Es bastante común que cualquier niño, esté en una relación narcisista entre padre-hijo, que busque relaciones en su vida adulta que reproduzcan lo que aprendieron en la infancia. Si está buscando algo más, se parece como si fuera externo y extraño. Imagine un pez fuera del agua como el hijo de un narcisista que recibe amor incondicional de una pareja, sin esperar nada a cambio.

Los hijos de narcisistas buscarán parejas románticas que sean críticas o juiciosas, emocionalmente distantes o que no estén disponibles, o que retendrán o negarán afecto e intimidad. Esencialmente, estarán buscando una pareja que se sienta cómoda, que conozcan y entiendan, repitiendo la dinámica que compartieron con sus padres narcisistas/codependientes.

Por supuesto, cualquiera puede sanar de tal experiencia, y a veces, el hijo de un narcisista encontrará que, a través de algunas terapias y algunas asociaciones saludables, pueden darse cuenta, identificar y desafiar los problemas de su experiencia de infancia con sus padres narcisistas. Ser capaz de identificar las causas de por qué puede tener problemas en sus relaciones adultas a menudo se deriva de identificar qué tipo de relación tuvo con sus cuidadores de vida temprana. A menudo, cuando dicho niño elige sanar, crecer y avanzar de su forma anterior de experimentar sus relaciones, el padre narcisista entrará en pánico y comenzará a acusar al

de estar "lavado del cerebro" o influenciado por el terapeuta/compañero/amigo/colega que sugirió que obtendrán ayuda para sanar sus problemas.

Para los padres, esto significa que ya no tienen el control de su hijo y tendrán que sufrir las consecuencias del crecimiento de ese niño y la preferencia de sanar las heridas en las que incurrieron de la relación padre-hijo.

Un padre narcisista podría entonces distanciarse, eligiendo rechazar y negar a su hijo, con la esperanza de que su forma de castigo haga que su descendencia "vea la luz" y regrese a su antigua dinámica. El padre es muy revelador en su comportamiento, ya que el niño ahora puede ver mejor que todo lo que su padre quiere es servir a sus necesidades emocionales y no tiene ningún sentimiento por lo que su hijo ha experimentado.

La crianza narcisista puede causar muchas dificultades en sus hijos o hijos, y en la edad adulta, ese niño puede aprender de la manera difícil lo que estaba experimentando con sus padres. Para desglosarlo aún más, aquí hay una lista de cómo un padre narcisista puede afectar a sus hijos:

• El niño sentirá que no puede ser escuchado o visto.

• No tendrán sus sentimientos reconocidos, o su realidad validada.

• En lugar de ser vistos como una persona, serán tratados como el accesorio   para el padre.

• No serán valorados por quiénes son, solo por lo que pueden hacer, especialmente por los padres.

• El niño desarrollará una intensa duda de sí mismo, en lugar de aprender a confiar en sí mismo y en su identidad.

• Aprenderán que cómo se sienten es menos importante y cómo se ven es más importante.

• Aprenderán que la autenticidad no es tan buena como una imagen y luego aprenderán a tener miedo de "ser reales" con los demás.

• El niño aprenderá a comportarse y actuar en secreto como una protección para la familia o el padre.

• No habrá ningún estímulo saludable para desarrollar un sentido de identidad o de sí mismo.

• No se sentirán nutridos y pueden sentirse vacíos de emociones.

• Aprenderán que no es bueno, o peligroso, confiar en nadie.

• Por lo general se sentirán manipulados o utilizados sin entender la sensación.

• El niño aprenderá a "estar allí" para el padre, en lugar de como debe ser cuando el padre está presente y disponible para el niño.

• El desarrollo emocional está atrofiado.

• Sentirán juicio o crítica en lugar de amor y aceptación incondicionales.

• Se desarrollarán sentimientos de no ser lo suficientemente bueno.

• No habrá un modelo a seguir para crear conexiones saludables y vínculos de relación.

• No aprenderán a tener barreras saludables con los demás.

• Aprenderán a desarrollar la codependencia y, por lo tanto, no aprenderán el autocuidado saludable y el amor propio.

• Se les mostrará que buscar la validación desde fuera del yo en lugar de aprender a validar el yo desde dentro.

• Aprenderán un mensaje mixto de "hazme sentir orgulloso" pero también "no hagas nada mejor que yo".

• No aprenderá a felicitarse a sí mismo ni a celebrarlo durante los éxitos importantes.

• Puede sufrir de depresión, adicción, ansiedad u otros problemas en la edad adulta para hacerle frente al trauma de la infancia.

• Crecerá asumiendo o creyendo que no son adorables, o dignos de amor debido a que el padre los niega o los rechaza

• Crecerán con baja autoestima debido a la vergüenza en la dinámica entre los padres e hijos.

• Se arrastrarán a una vida de ser alguien que se auto-sabotea, sobre logra, o fluctúa de un lado a otro

• El niño tendrá que aprender de la manera difícil de retomarse una vez que se libere de la dinámica padre-hijo en la edad adulta

Los efectos de ser el hijo de un narcisista son intensos, duraderos y profundamente arraigados en los comportamientos, emociones e incluso cualidades físicas y atributos de una persona. Puede ser psicológica y emocionalmente perjudicial y puede llevar a toda una vida de tratar con la programación inculcada por el padre narcisista durante los años de formación de su hijo.

Puede ser difícil decir que alguien es un narcisista por lo encantadores que pueden ser en ese momento y lo fácil que es para ellos ponerse resbaladizos como un pez cuando están siendo interrogados. Son muy astutos, e incluso algunos psicólogos pueden no darse cuenta de las banderas rojas cuando se les presenta el dolor emocional o psicológico de un niño.

Debido a que un narcisista nunca se le reclamará una rendición de cuentas o responsabilidad por sus acciones o comportamientos, entonces recae en el niño tomar la peor parte de la culpa, la censura, la vergüenza y el remordimiento por cualquier cosa que sucede. Cada situación es diferente, ya que cada familia y cada individuo son diferentes, pero las banderas rojas y las señales de identidad son las mismas. Revise la lista anterior para ver si su hijo podría tener algunos de estos síntomas, o si puede identificar si puede haber sido afectado por un padre narcisista cuando era niño.

Lo opuesto al narcisismo es la empatía. Si usted está en una situación con un niño que está tratando con un padre narcisista, entonces la mejor manera de contrarrestar los efectos dañinos del abuso del narcisista es ser padre con empatía, ofrecer compasión y apoyo, y ayudar a crear un apego seguro para que el niño al que nos estamos refiriendo pueda experimentar un vínculo amoroso saludable que pueden llevar a su vida adulta.

Es importante recordar que el narcisismo es un trastorno del espectro y toma diversos grados de gravedad. Si usted es el hijo de un narcisista, o usted está en una relación con alguien con quien usted está tratando de ser co-padre, es importante entender este trastorno para que pueda ayudar a toda su familia en la curación, terminando patrones y ciclos, y rompiendo hasta tener asociaciones más saludables y lazos de amor, para todos los involucrados.

Ya sea sólo por el bien de usted mismo, o quizás el de sus hijos también, dependiendo de la gravedad del abuso y los efectos en su felicidad y bienestar, dejarse ir y seguir adelante puede dar un poco de miedo, pero este libro está aquí para ayudarle a ofrecerle orientación mientras explora y examinar sus opciones.

Capítulo 9

————⊰❦⊱————

Un conjunto estricto de reglas

Las reglas son esenciales para la continuación de cada relación narcisista. Al terminar la relación con un narcisista, es probable que recibas un texto u otra forma de comunicación de este tipo: "Es curioso cómo no creer que necesite vivir de acuerdo con las reglas. Sólo digo."

Las "reglas" son sus reglas, y no es necesario vivir por ellas. Nadie tiene que vivir de las reglas de un narcisista. Los narcisistas y sociópatas, en general, tienen un cierto conjunto de reglas por las que esperan que vivan sus víctimas. Estas reglas ayudan a garantizar el control sobre sus víctimas, que la dictadura se mantenga viva y de muy buena manera. Las reglas narcisistas se pueden aplicar a través de tácticas encubiertas o abiertas, como mentiras y manipulación como se discutió anteriormente, y a través del control de comportamientos, y el abuso físico y mental. La premisa básica de todas las reglas narcisistas es que cada acción tomada por la víctima debe apaciguar al narcisista. La víctima debe pensar primero en el narcisista. Las víctimas conyugales deben dar a su amante narcisista amor unilateral, respeto y adoración en todo momento que nunca será correspondido. No esperes que lo sea. La eficacia de la elaboración de reglas del narcisista y la aplicabilidad de estas reglas descansan en la voluntad de la víctima de someterse a la voluntad del narcisista. Todas las relaciones tienen reglas, Por lo general, se espera que un cónyuge permanezca fiel, que la pareja tenga una línea abierta de comunicación y se deje saber su paradero si van a algún lugar inesperadamente. Pero, no sólo los narcisistas se niegan a acatar estos conceptos básicos, sino que llevan el establecimiento de reglas al siguiente nivel, y depende de la víctima para reconocer el conjunto de reglas no saludables que ya están inevitablemente establecidas.

Controlar la forma en que alguien se viste, llamando excesiva y repetidamente, y poniendo alertas en cámaras y dispositivos que informan al cónyuge del paradero de su pareja en todo momento no es normal. Hacer cumplir las reglas que tienen que ver con obedecer al narcisista no es normal. Un ejemplo sería utilizar una herramienta en su teléfono para ser alertado cada vez que se abre una puerta de garaje o la configuración de alertas en una cuenta bancaria conjunta para ser notificado cada vez que se retira dinero incluso cantidades minúsculas. Estas cosas no son aceptadas como normales por la mayoría de las personas. Son señales no físicas, pero peligrosas de control narcisista.

Tres reglas adicionales e igualmente poderosas que el narcisista construye desde el principio, y necesitan ser observadas por una víctima potencial, son las siguientes:

• Puedo acusarte falsamente de hacer cosas que nunca hiciste, y no se te permite hacerme mentiroso defendiéndote.

• No se te permite confrontarme y revelar las cosas que realmente hice. Debes encubrir lo que hago y decir y mantenerlo en secreto.

• Nunca se te permite confrontarme. Soy el único al que se le permite enfrentar a alguien.

En pocas palabras, el narcisista espera que su víctima sufra en silencio. Cualquier represalia contra su regla general y abarcadora es una amenaza para el falso yo del narcisista y, por lo tanto, simplemente inaceptable. El narcisista espera que todo salga por la espalda de su víctima.

 Para el su comportamiento 'no es gran cosa' y no debe ser cuestionado. No se le permite lastimarte, enojarte, frustrarte o sentir dolor. No sólo debe ocultar cualquier emoción negativa que sienta, debe proteger a su abusador de sentirse descontento.

Hay consecuencias para desviarse de las reglas. Es difícil describir la ira de la furia de un narcisista si te has desviado de las reglas a cualquiera que no haya pasado por ella de primera mano, pero las víctimas conocen muy bien los efectos terribles.

Ladrón de ideas

Una persona nunca debería dejar que un narcisista se haga cargo de un proyecto que es cercano y muy querido a su corazón. El narcisista no sólo tomará el control total del proyecto, avanzando en la dirección que elija, sino que dictará todo el proceso y al finalizar, asumirá toda la responsabilidad por su éxito, incluso afirmando que todo fue idea suya. Esto es lo mismo que pedirle a un narcisista que vaya a terapia de pareja. Es probable que nieguen todo, si su cónyuge hace la sugerencia, hasta que las apuestas estén altas y estén a punto de perderlo todo, ellos van a culpar a la víctima por no querer ir, por rendirse tan fácilmente.

Es imprudente hacer favores a los narcisistas, incluso si está en la naturaleza de uno para ayudar a los demás. El narcisista aprovechará al máximo, pidiendo más y más a esa persona hasta que no quede nada. Cuando uno finalmente diga "no", serán llamados inútiles o egoístas.

Si el narcisista le pide a alguien que asuman un proyecto por lo que finalmente obtendrá un crédito, pero es incapaz de llevarlo a cabo por una razón u otra, esto es absolutamente una bandera roja. Asegurar su finalización exitosa permite al narcisista desfilar el logro del propietario legítimo como propio tan pronto como se complete la obra.

Falta de empatía

Los narcisistas son incapaces de poseer una empatía genuina, incluso hacia sus propios hijos. De hecho, no sienten emociones comunes en absoluto, especialmente aquellas relacionadas con estar a culpables por causar daño, como culpa o remordimiento.

Pero, como maestros de la manipulación, toman nota de las emociones humanas normales y son capaces de reflejarlas para su propio beneficio. Por ejemplo, un narcisista es testigo de un fracaso, toma nota experto del comportamiento que acompaña utilizando su memoria fotográfica, un rasgo común y lo archivos para imitar en un momento que consideren beneficioso. Son expertos en analizar las emociones humanas, memorizarla e imitarla, a voluntad.

El narcisista imita estos comportamientos mientras está en el ojo público para demostrar que son capaces de cuidar a los demás. Pueden dar generosamente a organizaciones caritativas, abogar contra el hambre en el mundo u otros problemas sociales y asistir a reuniones, conferencias, juegos y otros eventos sociales en la escuela de sus hijos. Lo único que todos estos esfuerzos tienen en común es que se hacen públicamente por atención y para el beneficio de la reputación del narcisista.

Los narcisistas son especialmente conscientes de mostrar empatía si están tratando de atraer a un nuevo compañero. Se aprovechan de los vulnerables, a menudo recogiendo a mano a las víctimas de abusos que están desprevenidas, prometiendo ser su salvador. Los narcisistas pretenden expresar empatía por el trauma de sus víctimas para consolidar su posición de poder como el "caballero de la armadura brillante" de la víctima. Si aún están casados o comprometidos, menospreciarán a su cónyuge o pareja actual en lugar de intentar ocultarlo de su nuevo objetivo. Se pintarán a sí mismos como una víctima y manipularán su nuevo objetivo para ganar la empatía que anhelan.

Un narcisista llegará a grandes extremos para crear una fachada de empatía al intentar atraer a un nuevo compañero. Si la iglesia sirve como su lugar de cacería de su elección, que es muy común, pueden elegir a su antojo al miembro más vulnerable que se apoya en la espiritualidad y la comodidad de la comunidad de la iglesia para sanarse.

La presencia del narcisista en la iglesia crea una falsa personalidad de una persona buena y moral para su víctima prevista. Se unirán a los mismos grupos que su objetivo para acercarse mientras estudian y toman nota de lo que hace que la víctima sienta su presencia. El narcisista puede más tarde utilizar su posición en la iglesia para amplificar la percepción de la perfección a los demás y aumentar su control de la víctima.

Se sabe que los narcisistas tienen memorias de "imagen". Son muy hábiles para tomar imágenes mentales de sus víctimas en las primeras etapas, señalando y recordando su apariencia, estilo de vestimenta, patrones de habla, intereses e idiosincrasias. Esta información le da al narcisista el conocimiento y la capacidad de hacer que la víctima crea que es todo lo que siempre ha querido en una pareja. Más tarde, el narcisista usa este conocimiento para solidificar el sentido de insuficiencia de la víctima. Una vez que se completa su estudio inicial, el narcisista hace su movimiento.

Antes de invitar a su víctima por primera vez, el narcisista puede reemplazar su decoración con arte religioso para ayudar en su engaño. Pueden fingir un gran interés en la espiritualidad, declarando públicamente su postura en las redes sociales. Cuanto un narcisista recibe más "me gusta", más se alimenta su ego y más apta es su víctima para aceptar la falsa personalidad. Una vez que la víctima está cautivada y el narcisista tiene el control total, el comportamiento empático se detiene y se revela su verdadera personalidad.

Si una víctima es capaz de reconocer las tácticas de reflejo y escapa de la trampa, sin hacer ningún contacto, comenzará a identificar la contorsión con la que lidió durante la relación. Con el tiempo, recordarán cada mentira y cada demostración de falsa empatía, cuando algo evoca un recuerdo repentino del tiempo con su abusador. Este recuerdo repentino del trauma a manos del narcisista se llama Trastorno de Estrés Postraumático (TEPT), que más tarde explicare con más detalle en este trabajo. El TEPT generalmente requiere tratamiento profesional por parte de un terapeuta para una curación adecuada.

Maltrato a los trabajadores del servicio

Los narcisistas tienen una ferviente necesidad de atención y solo entablan relaciones cuando saben que se beneficiarán. Cada arreglo relacional está basado en esta premisa. Incluso el más breve de los encuentros existe únicamente para cumplir su propósito. Las interacciones superficiales, como con un servidor en un restaurante, no se complican por una conexión más profunda e íntima. Por lo tanto, el narcisismo surgirá mucho más rápido que cuando el narcisista quiere impresionar a un compañero potencial. Es crucial prestar atención a sus acciones en estas situaciones.

Durante la etapa de desarrollo de una relación, es útil observar cómo su pareja trata a los camareros, azafatas, cajeros de supermercados y otros empleados de servicio. Lo más probable es que si están en la escala de narcisismo poco saludable, tratarán a estos individuos con falta de respeto, tal como lo harían con cualquiera que consideren inferior y decidan que su único propósito es esperarlos de pies y manos.

Capítulo 10

──────❧❧❧❧──────

Como dejar de ser narcisista

En última instancia, una vez que haya escapado y haya comenzado a sanar del narcisista, puede que se pregunte cómo alguna vez es que se aleja completamente del narcisista, particularmente después de que él se ganó su corazón. Definitivamente no es una tarea fácil, pero si has llegado hasta aquí, puedes hacerlo. Dejar pasar al narcisista implica desconectarse del narcisista, practicar la atención plena y superarse. A través de estas habilidades, podrá distanciarse más del narcisista, comprender sus sentimientos cuando quiera regresar y puede encontrar una manera constructiva de usar sus sentimientos hacia el narcisista.

Con afirmaciones, tendrá una herramienta en su bolsillo para ayudarlo a recordar su valor y lo que quiere de la vida.

Desacoplarse del narcisista

Desacoplarse del narcisista implicará pasar por varias etapas, al igual que el duelo. Este es su proceso de dejar ir al narcisista y reconocer que la relación está arruinada y necesita ser terminada permanentemente. Aunque es más fácil decirlo que hacerlo, desconectarse y separarse del narcisista es crucial para la curación. Al igual que en las etapas de duelo, pasarás por tres etapas distintas cuando intentes desconectarte del narcisista antes de llegar finalmente a la etapa 4: la libertad.

Etapa 1: Negarse a tomar la culpa

En la etapa 1, se niega a que lo culpen por todo lo que sucedió. Usted se dice que no merecía lo que hizo el narcisista, y aunque pudo haber terminado la relación, no fue usted quien degradó la relación hasta el punto de que tuvo que terminar. Esta etapa implica que reconozca que el narcisista nunca le dará lo que merecía en la relación. El narcisista nunca será la pareja que querías que fuera, y lo reconoce. Usted reconoce que el narcisista tiene fallas más allá de su propia capacidad para reparar a alguien y que su naturaleza destructiva no es suya para administrarla, ni es algo que pueda imponerle. El narcisista se convierte en alguien que aún puedes amar, pero reconoces la verdad en la situación y que la relación tiene que terminar por el bien de todos.

Etapa 2: Ira y resentimiento

En la etapa 2, se da cuenta de que toda la esperanza que tenía para la relación y el narcisista está siendo reemplazada. En esta etapa, está enojado. Ve que el narcisista no es la persona que querías y comienzas a resentirse con él. Incluso si todavía tiene sentimientos en esta etapa, no es probable que actúe sobre ellos. Sus ojos se han abierto a la verdad y se niega a permitir que la relación te consuma por más tiempo. En esta etapa, ya no le importa la manipulación que el narcisista probablemente le ha estado haciendo para intentar recuperarle. Realmente reconoce que merece algo mejor que ser tratado mal o con falta de respeto. Siente la necesidad de defenderse y mejorar. Desea vivir una vida de felicidad, no una en la que su único deber sea proporcionar a otra persona la felicidad que ha estado privada de sentir durante tanto tiempo.

Etapa 3: Separarse y sintiéndose libre

Cuando finalmente llegas a la etapa 3, finalmente se está separando. La sola vista del narcisista o la mera mención de su nombre podría ser suficiente para hacerte sentir mal del estómago, y te das cuenta de que el amor que tenías por él alguna vez se ha desvanecido. En cambio, has trabajado para mejorarse a usted mismo.

Si ha ido a un terapeuta o ha estado interactuando con un grupo de apoyo, está comenzando a tomar sus consejos con más frecuencia y darse cuenta de que funciona. Está usted mucho más preocupado por obtener lo que quiere y necesita que preocuparse del narcisista. Toma sus decisiones en función de lo que es mejor para usted en comparación con cualquier otra persona, y por primera vez en mucho tiempo, prácticamente puede saborear la libertad.

Etapa 4: Libertad

En este punto, finalmente usted es libre. Ya no permite que el narcisista le influya y es probable que haya cortado todo contacto con él. Se ha separado total y completamente del narcisista, y nunca podría sentirse mejor. Su libertad se ganó a través de sangre, sudor y lágrimas metafóricas, y posiblemente literalmente, y planea disfrutarla, sin importar lo que el narcisista tenga que decir al respecto.

Practicando la Conciencia Plena

La atención plena, en su forma más simple, es la idea de que, cuando está envuelto en el caos y las emociones fuertes, puede tomarle un momento para desconectarse de la situación en cuestión y observar lo que está sucediendo desde una perspectiva racional. Usted se retira para reflexionar sobre cómo se sientes y por qué se sientes como está con la esperanza de encontrar respuestas que puedan ayudarle a lidiar mejor con lo que te está molestando.

Esta es una forma particularmente útil de identificar cualquier desencadenante emocional, esas cosas en el mundo exterior que automáticamente te hacen sentir todo lo que el narcisista te ha programado a sentir. Indudablemente, quedan algunos en usted después de una relación con un narcisista, pero aprenderlos a manejar puede tomar mucho tiempo y paciencia. Cuando quieres practicar la Conciencia Plena, quieres comprender completamente por qué estás respondiendo de la manera en que lo haces.

Esta es una habilidad fantástica para cualquiera, ya que la Conciencia Plena puede ayudarle a controlar los arrebatos emocionales, así como a disminuir el estrés. Es un mecanismo de afrontamiento increíblemente saludable y es absolutamente valioso de aprender. La Conciencia Plena implica cinco pasos que te permitirán alcanzar el estado de Atención Plena. Este estado es un estado de tranquilidad, atención interna. Cuando aprendes por primera vez la Conciencia Plena, lo mejor es hacerlo en períodos de calma para dominar el arte antes de comenzar a usarlo cuando las tensiones aumentan.

Siéntese

El primer paso en la Conciencia Plena es sentarte o identificar un lugar tranquilo en el que pueda concentrarse de manera silenciosa y segura en su respiración. Cualquier lugar es aceptable, siempre y cuando pueda concentrarse y te sientas cómodo, así que quizás intentes encontrar un rincón tranquilo en tu casa o debajo de un árbol en tu jardín. La parte importante aquí es que debes estar tranquilo y relajado donde sea que elijas.

Elija un momento

Con el objetivo en mente, elija cuánto tiempo está usted dispuesto a dedicar a sus primeros intentos de atención plena. Por lo general, es mejor que comience con un período más corto al principio y avanzar lentamente hacia los más largos. Quizás, por primera vez, establezca una meta de 5 minutos de atención plena.

Preste atención a su cuerpo

Elija una posición cómoda y realmente concéntrese en su cuerpo. Desea elegir una posición en la que se sienta estable y relajado, y que sea cómoda mientras dure su atención. Una vez que se haya instalado, realmente comienza a concentrarte en su cuerpo. Intente sentir cada parte de sí mismo, comenzando en la punta de los dedos de los pies y lentamente subiendo hasta la parte superior de la cabeza. Debe hacerlo lentamente como si te estuvieras escaneando mentalmente. Presta atención a cualquier área que esté particularmente tensa e intenta relajarla.

Respire

Concéntrese en su respiración. Respire hondo e intente seguir la sensación hasta los pulmones, manteniéndolo allí antes de exhalar y repitiendo. Asegúrese de que sus respiraciones sean profundas y de limpieza, y concéntrese realmente en cada una.

Mantenga su mente en el camino

Cada vez que sienta que su mente divaga, vuelva a ponerla en silencio sin juzgarse. ¿Recuerde cómo se supone que debe sentirse compasivo consigo mismo? ¡Este es un buen lugar para comenzar! En particular, al principio, es fácil distraerse, y eso no es algo de lo que avergonzarse. Simplemente reagruparse y continuar.

Después de completar todos los pasos, debe sentirse mucho más relajado que cuando comenzó. Esta puede ser una herramienta fantástica para relajarse después de un día ocupado o estresante, o cuando sienta que su temperamento aumenta. A medida que domine la capacidad de llamarle a la Conciencia Plena cuando esté tranquilo, puede comenzar a usarlo como un mecanismo de confrontación cuando se sienta frustrado o estresado, o cada vez que comience a debatir si volver al narcisista sería realmente malo. A menudo, esas inseguridades están ligadas a algún tipo de angustia física, y debe tratar de dejarlas ir lo mejor que puedas.

Otro truco para alcanzar la Conciencia Plena, que algunas personas encuentran que funciona bien, particularmente cuando las emociones se están agotando es la regla 5-4-3-2-1. En esta técnica, busque identificar las cosas a su alrededor con sus diversos sentidos, involucrándolos en lugar de permitir que sus emociones negativas lo consuman, y cuando se concentre en usted nuevamente, puede manejar mejor sus propias reacciones en el futuro.

Vea

Primero, comience identificando cinco cosas a su alrededor que pueda ver. Sea lo más descriptivo posible consigo mismo si puede serlo. Tal vez vea una bola azul con una textura tejida en el suelo, un vidrio liso y transparente en la mesa junto a usted, y un cielo del color de un océano azul claro que sueñe con vacacionar para ver. Cuando haya identificado cinco cosas para usted, estará listo para pasar a su próximo sentido.

Toque

Luego, concéntrese en su sentido del tacto. Observe cuatro cosas diferentes a su alrededor que pueda sentir. Quizás sienta arena cediendo bajo tus pies, o una brisa fresca acariciando su cabello. Independientemente de lo que sienta, intente identificar cuatro lo más específicamente posible. Realmente sienta cada uno lo mejor que pueda y concéntrese en cada detalle. Observe cómo su cabello le hace cosquillas en la cara cuando lo sopla el viento, o cómo todo su cuerpo se mueve como lo hace la arena debajo de usted, compensando la superficie en movimiento.

Oíga

Entonces debe concentrarse en su audición. Escuche tres cosas a su alrededor y realmente tómese unos minutos para escucharlas. Debe prestar atención a cómo suenan, siguiendo sus melodías y ritmos lo mejor que pueda. Si escucha el trino de un pájaro, concéntrese en cómo sube y baja su canción y qué tan rápido lo hace.

Huela

Cuarto, identificará dos cosas diferentes a su alrededor que pueda oler. ¿Huela su perfume? ¿Cuál es el aroma que tiene esta vez? ¿Es dulce? agrio, ¿Huela los aromas de las flores que se calientan al sol? Intente identificar tantos elementos del aroma como pueda.

Sienta

Por último, identifique una cosa dentro de usted que esté sintiendo en ese momento. ¿Está enojado? ¿Qué le está haciendo esa ira a su cuerpo? ¿Está acelerando su pulso? ¿le está poniendo tenso? Si estás triste, ¿siente esa sensación hueca extendiéndose en su pecho? ¿Están sus hombros encorvados? Averigüe cómo se siente y cómo afecta su cuerpo.

Con su atención plena lograda, podrá lidiar mejor con las emociones a las que su cuerpo estaba reaccionando, eligiendo reacciones saludables y racionales en lugar de explotar o actuar con impulsos emocionales.

Mejorándose a sí mismo

A medida que continúe en su viaje para superar al narcisista, debería esforzarte. Intente mejorarse a sí mismo le dará algo más en lo que debe concentrarse, aparte del narcisista y le mantendrá ocupado. No tendrá tiempo para preocuparse tanto por el narcisista si elige un nuevo pasatiempo, como aprender a tocar el piano. Incluso puede usar este pasatiempo para insertar en el tiempo que solía pasar con el narcisista. Por ejemplo, si siempre pasaba los viernes por la noche comiendo comida para llevar y viendo el programa de televisión favorito de su narcisista que siempre odiaba en secreto, podría utilizar esa cantidad de tiempo semanal para desarrollar su nueva habilidad. Tal vez elija esta hora de la tarde para trabajar en escalas o tratar de aprender las nuevas canciones que su profesor de piano ha asignado para la semana. Tal vez, en su lugar, busque tutoriales en video sobre cómo tocar todo tipo de canciones que escuche que le recuerden mantenerse fuerte.

En última instancia, aprenda una nueva habilidad y usted mejorara y esto lo ayudara más. Nunca estará peor si concentra su energía y atención en aprender una nueva habilidad, pero si usa ese tiempo para enfocarse en el pasado, detenerse y deprimirse, es probable que se sienta culpable por ello más tarde. En general, tiene más sentido que pases ese tiempo enfocándote en cosas que te mejorarán o pueden darte una nueva sensación de autoestima para reemplazar el daño que el narcisista ha hecho.

Afirmaciones

Una última habilidad útil para aprender cuando se trata de superar al narcisista es aprender a formar afirmaciones adecuadas. Una afirmación es una pequeña oración que utiliza para recordar un objetivo u objetivo o para reafirmar sus propios límites. Por lo general, son bastante cortos y son una parte común de muchas terapias diferentes, incluida la terapia cognitivo-conductual, que enseña a quienes la usan para reestructurar su pensamiento. La idea aquí es revertir el daño que el narcisista le ha hecho a través de todas sus palabras crueles y comentarios degradantes. Escucho sus crueldades durante tanto tiempo que las internalizo, y las afirmaciones buscan hacer exactamente lo contrario usando el mismo concepto. Repetirá sus afirmaciones con tanta frecuencia que le convencerá de que son ciertas. Con el tiempo, comenzará a creerlos, tal como creía en los comentarios despectivos del narcisista. Las afirmaciones tienen tres partes clave: deben ser positivas, auto dirigidas y en presente.

Afirmaciones positivas

La razón por la que desea enfocar su afirmación en lo positivo es que cambiará su forma de pensar. Se sentirá más positivo si piensa más positivamente. Esto usa la idea de que atrae lo que piensa. Piénselo de esta manera: en la terapia cognitivo-conductual; Se reconoce que los pensamientos influyen en los comportamientos, que influyen en los sentimientos, que influyen en los pensamientos, y el ciclo continúa. Si tiene un pensamiento positivo, conducirá a un comportamiento positivo, lo que creará un sentimiento positivo, que luego creará pensamientos más positivos. La positividad genera positividad y, en última instancia, puede presentarse por toda la vida. Su positividad se extenderá a lo largo de su vida, comenzando con esa simple afirmación positiva, así como la negatividad del narcisista se extendió a través de usted.

Afirmaciones Auto-dirigidas

Su afirmación debe enfocarse en usted mismo porque, en última instancia, lo único en este mundo sobre lo que realmente tienes control es sobre usted. Cuando estás hablando de usted, no puede encontrar una manera de negar su verdad si lo estás pensando. Al enfocarse en usted mismo, puede hacerlo realidad. Si dice que respirará antes de reaccionar ante situaciones tensas, tiene la influencia para que eso suceda. Esa es la parte importante aquí: usted hace que suceda. Si su afirmación se centró en otra persona, no puede garantizar su validez, ni tiene control sobre si sucede. Esto hace que sea realmente difícil confiar o confiar.

Afirmaciones en tiempo presente

La razón de una afirmación en tiempo presente es que decirla en este momento hace que sea cierta en ese momento. Si dice que hará algo, es ambiguo si eso significa inmediatamente o en algún momento en el futuro. Es más fácil esquivar ese problema por completo y mantener la afirmación en tiempo presente.

Con estas tres reglas en mente, estás listo para crear tus afirmaciones. Toma los tres aspectos y los une para crear una oración como:

• Merezco ser tratado con respeto, dignidad y amabilidad.

• Soy suficiente como soy ahora.

• La forma en que veo el mundo es confiable, y siempre confío en mis percepciones de lo que está sucediendo a mi alrededor.

Cada una de estas afirmaciones proporciona algún tipo de guía y te impulsa a creer más en ti mismo. Puede crear afirmaciones para prácticamente cualquier situación que creas que se beneficiarían de ellas, y debes usarlas siempre que sientas que ayudarían. Por lo menos, asegúrese de recitarse cada afirmación al menos diez veces al día a la misma hora todos los días para que sea un hábito.

Por ejemplo, podría decirse a sí mismo: "Soy lo suficiente como soy ahora" cada vez que se sienta en el automóvil para ir al trabajo. Todos los días, lo repites varias veces para ti mismo y, finalmente, ese pensamiento se vuelve tan reflexivo y habitual como ponerte el cinturón de seguridad cuando te subes a tu auto. Así es como cambias lentamente tu mente del envenenado por el narcisista al más saludable que mereces.

Capítulo 11

---◆◆◆◆◆---

Viviendo con uno, lidiando con uno

Aunque se dice que solo se considera que el uno por ciento de la población tiene narcisismo, puede encontrarse con narcisistas en muchas situaciones diferentes. Son difíciles de tratar, especialmente si tiene una relación personal con ellos. Si el narcisista es un miembro de su familia o su pareja, se considera una de las situaciones más difíciles de manejar. Los narcisistas a menudo tienen motivos ocultos cuando hablan con alguien y, a veces, incluso pueden ser crueles porque realmente no les importan los sentimientos de la otra persona. Veamos de qué manera un narcisista puede influir en su vida y consejos que puedes usar.

Tratando con narcisistas con los que vives y trabajas (consejos incluidos)

Si vive con padres narcisistas, existe una buena posibilidad de que también termine como narcisista. Algunos científicos creen que el narcisismo también puede transmitirse a través de la genética. El vínculo genético podría ser una causa, pero con mayor frecuencia la razón es la forma en que se cría al niño. Ya mencionamos que los padres narcisistas no son los mejores para criar hijos. Por lo general, se centran en sus propias necesidades y tienen expectativas realmente altas de cómo debe desempeñarse el niño. El niño se convierte en un reflejo del padre y le presta la atención buscada. Cuando estábamos hablando de las consecuencias de ser criados en familias narcisistas, vimos que algunos de esos padres ignoran a sus hijos y solo les hablan cuando les beneficia de alguna manera. Los niños viven una vida llena de drama y aprenden a reprimir y cortar sus emociones. El padre narcisista no entiende realmente los sentimientos que está experimentando su hijo, por lo que simplemente no le prestan atención, lo ignoran, por eso muchos de estos niños son ignorados y maltratados.

Si el niño; sin embargo, intenta hacer algo que a los padres no les gusta, puede terminar siendo un gran problema. El padre puede menospreciar y humillar al niño hasta que estén de acuerdo con el padre. Los niños criados por padres narcisistas generalmente tienen problemas para establecer una conexión con otros porque nunca formaron una actitud adecuada hacia los sentimientos.

Por el contrario, los cerraron porque no era deseable tener emociones que no satisfacen las necesidades de sus padres. Están imitando el comportamiento que vieron en sus padres porque esos fueron sus modelos a seguir. A medida que crecían, pensar en los demás no era algo que incluso considerarían. Si crees que fuiste criado por padres narcisistas, tal vez podrías hablar con un profesional capacitado para que te ayude. Incluso si usted no tiene el trastorno narcisista de la personalidad, es bueno tener a alguien con quien compartir sus preocupaciones.

Si usted vive con un cónyuge narcisista, puede ser realmente difícil. En primer lugar, ha pasado algún tiempo estableciendo una relación con esta persona. Luego, si vinieron los niños e incluso compró una casa, básicamente ha acumulado toda su vida alrededor de ellos. Los narcisistas encantan a muchas personas sin siquiera darse cuenta porque los narcisistas pueden ser persuasivos y saber cómo manipular la situación para obtener lo que quieren. Como son adictos a la atención, siempre y cuando le des al Narcisista la atención que quiere y quiere obtener algo de usted, el Narcisista será su mejor amigo. El problema comienza cuando ya no le necesita o si comienza usted a estar en desacuerdo con él. Si alguna vez se peleó con el narcisista, probablemente se sintió usado y degradado. Más tarde se dio cuenta de que no había un buen acuerdo, y es porque un narcisista tiene una manera de poner las cosas a su propio acuerdo. Puede terminar lidiando con el narcisista durante mucho tiempo, incluso durante muchos años.

Pueden mantener su encantador comportamiento durante mucho tiempo y, especialmente si viven juntos, es fácil disculpar el comportamiento destructivo ocasional del narcisista como tener un mal día en el trabajo o creer que usted fue quien causó el problema. Cuando usted se da cuenta de que está lidiando con un narcisista, ya tiene una larga vida construida alrededor de él y es difícil escapar.

Si usted vive con un amigo narcisista, puede ser especialmente difícil lidiar con él. Puede ser que haya conocido a esa persona durante toda su vida y tal vez hay algunas situaciones en las que siente que deberías aislar a esa persona porque no se tratan bien. E incluso si trato de hacerlo, su amigo narcisista regresó, se arrepintió y fue aún más encantador que antes. Esta es una técnica narcisista estándar porque esa persona quiere que le preste atención o está aterrorizada por la idea de estar solo. Ese tipo de amigo siempre volverá diciéndole que lamenta la forma en que ha actuado y, básicamente, le rogamos que regrese. Si pensó en romper una amistad porque esa persona no parece preocuparse por sus sentimientos y siente que le está usando, lo más probable es que esté lidiando con un narcisista. Como cualquier narcisista, esa persona también es muy buena para mantener a alguien cerca si lo quiere. Este tipo de amigo hará y dirá cualquier cosa para mantenerle cerca para que se sientan bien, por lo que, si intenta romper con ellos, comenzarán a comportarse de manera horrible. Si bien estas personas pueden ser encantadoras y sorprendentes cuando las conoces por primera vez, también pueden ser su peor pesadilla cuando quieren algo. Si siente que siempre está siendo usado o se pelea mucho cada vez que ofenda a su amigo, eso significa que él es un narcisista y la cuestión es que, durante esas peleas, ni siquiera pueden echarle la culpa. Mientras todo vaya de acuerdo a su plan y deseos, las cosas irán bien. Pero si las cosas comienzan a cambiar y a desviarse de los planes del narcisista, eso significa problemas. Si tiene usted este tipo de amigo, debe considerar una forma de separarse de ellos. Intenta limitar el contacto. Tal vez lentamente al principio, puede ser un paso pequeño, pero bueno. También debe considerar encontrar personas que lo cuiden y estén allí para apoyarlo.

Si tiene un jefe o compañero de trabajo narcisista, puede ser complicado y puede influir en usted en múltiples niveles. Si disfruta el trabajo que hace y sucede que tiene un jefe o compañero de trabajo narcisista, puede ser particularmente difícil tratar con ellos y tendrás que trabajar duro. Existen; sin embargo, algunas cosas que puede hacer para facilitarle la vida.

Debe tratar de no tomar en serio sus promesas. Si su jefe o compañero de trabajo narcisista quiere que usted haga algo por él o ella, le van a hablar dulcemente. Si se toma en serio su conversación, puedes decepcionarte. Si aprende a reconocer a los narcisistas y se da cuenta de lo que están tratando de hacer, comprenderá que tan pronto como la promesa sea inconveniente para el narcisista, actuarán como la promesa que hicieron, nunca existió. Tampoco debería intentarlo nunca y desperdiciar tu oxígeno, diciéndole al narcisista que está equivocado. Desde su punto de vista, no pueden estar equivocados. Nunca creen que son más superiores a los demás y si los enfrentas, actuarán como enemigos. La mejor manera de lidiar con ellos es simplemente ignorarlos. Intenta ignorar su encanto también. Como mencionamos varias veces, los narcisistas pueden ser personas muy encantadoras cuando quieren algo. Si pueden obtener algo de usted, será su mejor amigo e intentará usar su encanto en usted. Una vez que el narcisista consigue lo que quiere, deja de ser tan amable y le excluye rápidamente cuando pierde interés.

Debe establecer quiénes son los habilitadores. Un narcisista, especialmente si es un jefe y ha ganado algo de poder, se rodeará de personas que harán cualquier cosa por él. Su infinita necesidad de supremacía y su deseo de manipularlo lo harán tratar a otras personas como títeres para sus necesidades. Si no desea convertirse en una de estas personas, deberá establecer quiénes son los habilitadores y comenzar a trabajar con ellos.

De esta manera obtendrá lo que quiere. Por ejemplo, si usted tiene un jefe narcisista y quiere un aumento, le pedirá a alguien que esté cerca del narcisista que le ayude con esto. Este habilitador será aún más útil si el narcisista necesita un favor de su parte.

Dicen que no hay muchos narcisistas en el mundo; Sin embargo, tan pronto como uno entra en su vida, puede ser difícil deshacerse de ellos. El Narcisista regularmente quiere mantenerle cerca para que puedan obtener toda la atención que desean o simplemente necesitan que satisfaga otra necesidad para ellos. De ninguna manera harán algo por usted a menos que los beneficie de alguna manera.

Nunca hay un momento en que harán algo que le preocupe a usted o su bienestar y nunca harán algo por usted solo por el hecho de que son sus amigos. La verdad es que puede usar algunas técnicas y estrategias para lidiar con un narcisista. Por lo menos, le ayudarán a lidiar con ellos y te prepararán más cuando lleguen.

Técnicas y estrategias

• Debe determinar el tipo de narcisista con el que está tratando. La forma en que maneja cada tipo también es diferente. Un narcisista vulnerable, por ejemplo, no tiene la autoestima más alta, pero el narcisista grandioso empujará a todos y a todo para obtener lo que quieren. Si necesita hacer un aliado del narcisista, el grandioso narcisista es la mejor opción, solo debe convencerlo de que el objetivo también lo beneficia.

• Debes reconoce que está molesto. Es común que un narcisista se meta debajo de su piel. Si usted se siente frustrado porque cada vez que comienza a hacer algo, el Narcisista anda interrumpiéndole y deseando toda la atención, debe admitir y reconocer esa frustración.

Le ayudará a lidiar con el narcisista más tarde.

• Necesita apreciar de dónde viene el comportamiento. Cuando entienda cómo se sienten los narcisistas y por qué actúan como lo hacen, puede que no le ayude a aceptarlo, pero puede ayudarle a lidiar con eso.

Si establece y comprende que el narcisista no está considerando las emociones de otras personas porque es incapaz de sentir empatía, será más fácil para usted evitar ser atrapado por ellas o ser influenciado por ellas.

• Debe mantener sus expectativas realistas. Los narcisistas siempre tendrán limitaciones en sus emociones. Es importante recordar que incluso si está bien disfrutar de algunas buenas cualidades que vienen con un narcisista. Si aprende a aceptar que sus emociones son limitadas, le ayudará a dejar de preguntar y esperar algo que no pueden proporcionar.

• ¡Es especialmente importante que no haga que su autoestima dependa de ellos! Si hace eso, al final le hará sentir mal. La gente a menudo cae en la trampa de tratar de hacer feliz al narcisista.

Pero el narcisista no será feliz, no importa cuánto lo intente. No intente confiar sus secretos y deseos más profundos al narcisista porque no se lo tomarán en serio o los apreciarán y probablemente los usarán contra usted en algún momento si sienten que lo necesitan.

•Usted debe tratar de convertir algo en su beneficio. Si quiere aprender a comunicarse con éxito con un narcisista, debe entender que siempre tiene que mostrarle cómo le beneficiará. Hablar de sus propias necesidades no va a funcionar con el narcisista y ser exigente o actuar enojado tampoco funcionará. En su lugar, usted debe mostrar al Narcisista cómo usted puede ser útil a ellos, así ellos pueden considerar ayudarle.

Ser capaz de tratar con narcisistas requiere mucha paciencia, aprendizaje y autogestión. Dado que no reaccionan a las situaciones como lo hace la mayoría de la gente, no puedes usar métodos convencionales para lidiar con ellas. Mientras que otros pueden estar cerca de usted o trabajar con usted porque sienten algo acerca de usted o porque quieren ayudar, el Narcisista no va a entender cómo funciona eso. Él va a hacer cosas de acuerdo con sus propias creencias que no se basan en un comportamiento común.

Lidiando con un narcisista que ama.

Cuando usted está enamorado de un narcisista, o está en una relación con uno, puede ser muy difícil ver cuáles serán sus próximos pasos. Cuando trata con el narcisista en el trabajo o si es su vecino, puede considerar dejar su trabajo, encontrar uno nuevo y simplemente dejar de comunicarse. Si un amigo que tiene rasgos narcisistas, puede intentar encontrar otro grupo de amigos. ¿Pero qué hacer cuando la persona narcisista es alguien con quien ha estado usted lidiando durante años?

¿Alguien con quien tiene hijos y a quien ama? Hay muchos desafíos que las personas deben atravesar cuando tienen una relación con un narcisista y hay muchas razones que consideran demasiado importantes para romper esa relación.

La parte difícil es darse cuenta de que está viviendo con un cónyuge narcisista. En primer lugar, ama a esta persona. ¿Y si una familia y niños con esta persona? ¿Qué pasa si ha construido una vida con ellos? Cuando lo piensa, cambiar de trabajo parece fácil. Encontrar un nuevo grupo de amigos también le parece más fácil. Aun así, hay algunas técnicas y estrategias que pueden ayudar con el cónyuge o pareja narcisista.

Técnicas y estrategias

• Debe estar seguro, ya que algunos narcisistas tienden a recurrir al abuso cuando no pueden obtener lo que quieren, pero este no es el caso con todos los narcisistas. Sin embargo, si está lidiando con el abuso que es producto del comportamiento narcisista, es hora de que termine esa relación.

• Debe darse permiso para pensar en usted mismo y no siempre estar pensando en su pareja y ponerlo primero. Los narcisistas son muy buenos para convencerlo de que piense en ellos todo el tiempo, pero necesita reconectarse consigo mismo e intentar satisfacer sus propias necesidades.

• ¡Nunca olvide recordar su propia valía! Los narcisistas siempre intentan menospreciarle para que puedan sentirse superiores y tener la admiración que desean. Necesita encontrar una manera de recordar siempre que es inteligente, amable y merecedor; incluso si su pareja le puede decir lo contrario.

• Aprenda a lidiar con sus inseguridades. Use todos los recursos que pueda obtener para ayudar a lidiar con cualquier inseguridad que pueda tener. No importa si esas inseguridades fueron provocadas por su compañero narcisista o si son algo con lo que está lidiando anteriormente. Sus inseguridades lo hacen más vulnerable y necesita aprender a superarlas.

• Debe aceptar que no puede cambiar a su pareja. La razón principal de esto es que, por lo general, el narcisista no ve una razón para cambiar. No ve un problema porque, por la forma en que lo ve, todo es normal. No olvide que las personas con trastorno de personalidad narcisista tienen una imagen retorcida de ser normal.

• También debe aceptar que ese tipo de comportamiento se trata de la otra persona. Usted no es el culpable y no necesita sentirse culpable ni tratar de justificar a la otra persona. Si siente que su pareja o cónyuge tiene rasgos narcisistas, debería considerar compartir lo que le está sucediendo a un amigo u otra persona de confianza. Debe considerar lo que ve como un comportamiento inaceptable y si su actitud al respecto ha cambiado desde que comenzó a estar con su compañero narcisista. También debe determinar si ha estado inventando excusas para su pareja.

• Una vez que decida cuáles son los límites correctos, cuéntale a tu pareja. No debe esperar que este tipo de iniciativa no tenga consecuencias. El compañero narcisista probablemente ignorará todas sus solicitudes y se negará a seguir cualquier límite. Si decide hacer esto, debe prepararse para irse si no hay nada más que pueda hacer.

Si se das cuenta de que estás en una relación con un narcisista, debe aprender a aceptar que debes terminar esa relación.

¿Puede un narcisista cambiar?

En este punto, la cura para el trastorno de personalidad narcisista no existe. La única forma en que las personas con este trastorno pueden obtener ayuda es a través de terapia individual, familiar o grupal. Sin embargo, la forma más eficiente de terapia para este trastorno es la psicoterapia cognitiva conductual (TCC). La razón por la cual la TCC es el tratamiento más exitoso es que ayuda al narcisista a comprender sus comportamientos negativos y reemplazar sus creencias negativas por otras positivas.

El narcisista no cambiará por completo, pero puede construir un comportamiento más constructivo y pueden llegar al punto en que entienden.

Por eso es importante determinar con qué tipo de narcisista está tratando o con qué tipo de narcisista está. Un narcisista tal vez no pueda cambiar, en términos de ciencia, pero puede aprender a construir expectativas más realistas hacia los demás y hacia sí mismo. También puede aprender a relacionarse más positivamente con otras personas.

Consejos que pueden ayudar a cambiar al narcisista.

• Como ya mencionamos, tenga en cuenta que los diferentes tipos de narcisistas tienen una motivación diferente, por lo tanto, diferente capacidad para cambiar su comportamiento. Intenta determinar el tipo y ver con quién estás realmente tratando

• Los narcisistas no tienen una idea de sus rasgos negativos; por lo tanto, se ven a sí mismos como superiores, por eso es aún más difícil hacer que se den cuenta de los aspectos negativos de su personalidad. Aquí es donde los terapeutas pueden ayudar más. Harán que el narcisista se dé cuenta del punto de vista de los demás.

• Esto también está asociado con el hecho de que la autopercepción positiva narcisista es más fuerte que las percepciones y la reputación de los demás.

• Debe hacer que los narcisistas se den cuenta de que son narcisistas, ya que generalmente no son conscientes de eso. En la mayoría de los casos, ni siquiera se dan cuenta de que otros no los ven tan gloriosos como se ven a sí mismos.

• Si los métodos normales no funcionan, debe tener en cuenta que algunos narcisistas buscan ayuda si se sienten desesperados o ansiosos. Si enfrentan fallas constantes en su lugar de trabajo o con sus parejas, es probable que estén dispuestos a ir a terapia.

• Si un narcisista puede reconocer una debilidad, eso también es una buena señal y está en el camino de la recuperación, y tenderá a invertir más en su crecimiento personal.

• Por último, pero no menos importante, tenga en cuenta las razones por las que un narcisista cambia. Es más fácil ayudarlos si lo hacen para su propio beneficio. Como sabes, un narcisista no hará nada por nadie más, así que en lugar de preguntar "hazlo por mí", considera convencerlos de que un cambio en su comportamiento los beneficiará mucho.

Conclusión

━ ━ ━ ━ ━ ☙☙☙ ━ ━ ━ ━ ━

Gracias por llegar hasta el final. El siguiente paso es concentrarse en sanar y reconstruir su sentido de identidad. El abuso narcisista puede enseñar a las víctimas mecanismos de afrontamiento poco saludables, como la defensa injustificada, adormecer el ser a las experiencias emocionales o auto medicarse al dolor emocional sordo. Estos legados del abuso deberán ser confrontados, examinados y desmantelados para liberarse por completo.

Si la terapia privada no está disponible para usted, recuerde que hay muchos otros recursos diseñados específicamente para víctimas de abuso, hijos adultos de narcisistas y personas que han escapado de grupos o instituciones de culto. Los grupos de apoyo pueden ser inmensamente curativos, ya sea que se encuentren en espacios físicos o virtuales. Si no puede encontrar uno en su área, podría tener sentido buscar uno. El abuso narcisista puede hacer que las víctimas se sientan solas y aisladas, incluso cuando están rodeadas de amor; pero los datos de búsqueda en Internet nos dicen que el problema del abuso narcisista está muy extendido. Nunca sabrá cuántas otras personas entienden su experiencia, y han sobrevivido a formas similares de abuso, hasta que llegue a compartir su historia.

No importa a quién recurra en busca de validación, nunca olvide honrarse en su práctica de sanación. Usted se merece reconocimiento, se merece respeto; se merece amor. Y si otros no le ofrecen estas cosas, tiene el pleno derecho a dárselas usted mismo.

www.ingramcontent.com/pod-product-compliance
Lightning Source LLC
Chambersburg PA
CBHW071231020426
42333CB00015B/1430